Pierre Tiquet

Souvenirs de vétérans du SS-Pz.-Rgt. 3 "Totenkopf"

- Ouvrage écrit par Pierre Tiquet
- Conception : Georges Bernage
- Rédaction graphique : Nicolas Bucourt

Editions Heimdal
BP 61350 - 14406 BAYEUX Cedex
Tél. : 02.31.51.68.68 - Fax : 02.31.51.68.60 - E-mail : Editions.Heimdal@wanadoo.fr
site internet : www.editions-heimdal.fr

ISBN 978-2-84048-487-5

En haut : ensemble de pièces reçues de Kurt Arp et notamment son *Wehrpass* et décorations (KVK), sa bande de bras originale et une plaque avec la tête de mort de sa division.

Ci-dessus : autre photo montrant l'étui et le *Panzerkampfabzeichen* ainsi que la bague SS d'Ernst Walter Kirsch.

Ci-dessus : photo de groupe de vétérans du *SS-Panzer- Rgt. 3 « Totenkopf »*. Tout en haut, de droite à gauche, Kurt Söhrmann, la sœur de K. Söhrmann, Pierre Tiquet et Alfred Genath. Tout à fait à droite, avec sa casquette bleue, Norbert Hartmann dernier président de l'association des vétérans du *SS-Pz-Rgt. 3*. En dessous, à côté de Hans Findeisen (en chemise à carreaux), la veuve d'Adolf Suwe. Tous ont contribué à l'écriture de ce livre grâce aux photos, récits et documents fournis.

Ci-contre : une bande de bras originale ayant appartenu à Kurt Arp ainsi que l'étui pour le *Panzerkampfabzeichen* sur lequel repose la bague SS d'Ernst Walter Kirsch et la tête de mort tissée pour le calot.

Ci-dessous : autre photo prise lors d'une autre réunion des vétérans du *SS-Panzer-Rgt. 3 « Totenkopf »*. Debout, Norbert Hartmann, le président de l'association, et Pierre Tiquet et, assis, de droite à gauche : Kurt Söhrmann, Ernst Walter Kirsch et Kurt Arp.

Ayant rencontré au fil de nombreuses années, lors de leurs réunions annuelles, les vétérans et survivants du *SS-Panzer-Regiment 3 « Totenkopf »*, la plupart d'entre eux ayant disparu, vient le temps de livrer aux lecteurs intéressés ce qu'ils m'ont raconté et permettre d'avoir accès aux superbes photos et documents originaux qu'ils m'ont laissés. Ils avaient pendant la guerre, pour la plupart, 18 ans et ces années tourmentées furent les témoins de leur jeunesse.

Je les laisse maintenant s'exprimer...

Pierre Tiquet.

Ensemble de décorations de vétérans de ce prestigieux régiment de blindés sur un album ayant subi les affres du temps et présentant une bande de bras d'officier de la division. On peut y voir un *EK II* avec sa pochette ainsi qu'un *EK I* avec son étui dans une boite en carton jaune et un *Panzerkampfabzeichen* en bronze.

A gauche : photo du dernier président de l'association des vétérans du *SS-Panzer-Rgt. 3* « *Totenkopf* » Norbert Hartmann, ici en tant que *Sturmmann*. Notez la bande bras avec la tête de mort.

Ci-contre : Norbert Hartmann en tant que *Schütze,* mais cette fois casqué et portant le rare insigne de la réunion *HJ* de Potsdam.

Ci-contre : Norbert Hartmann toujours *SS-Schütze*, lors de ses classes.

Ci-dessous : photo du Panzer III sur lequel Norbert Hartmann servira.

Ci-contre : photo de groupe de la formation au métier de tankiste. Le *Sturmmann* Norbert Hartmann est à l'extrême gauche.

Ci-dessous : deux camarades entourant Norbert Hartmann (au milieu) dans leur capote de début de guerre.

Ci-dessous, à droite : le *Sturmmann* Norbert Hartmann dans sa tenue noire, y compris la cravate.

En bas, à droite : le *SS-Junker* Norbert Hartmann dans sa tenue noire et le chiffre 3 sur ses pattes d'épaule portant les liserés d'aspirant officier. Il finira *Untersturmführer*.

« Je m'appelle **Walter Weber** et j'ai tenu, tout au long du second conflit mondial, mon journal de bord en tant que pointeur dans le char 531 de la *5. Kompanie* du *SS-Panzer-Regiment 3 « Totenkopf »*. Mon journal des journées de combats commence en février 1943.

De l'été 1942 jusqu'en janvier 1943, la *3. SS-Panzergrenadier-Division « Totenkopf »* est en reconstitution en France après les combats engagés depuis l'offensive en URSS en 1941, où la division « *Totenkopf* » était particulièrement engagée. En tant que *Panzergrenadier-Division,* elle reçut un régiment à deux *Abteilungen* de panzers pour passer au stade de *Panzer-Division*.

Février 1943 :

Je me retrouve sur les quais de la gare d'Angoulême, en France. Les rampes d'accès aux wagons porteur sont installées et, avec les bruits de chenilles ripant sur le sol, nous regardons les chauffeurs grimper nos blindés pour un aller vers la Russie et le front Est qui nous réclamait. Outre les chars, nous avons chargé nos affaires et différentes caisses de matériels. L'un après l'autre, nos superbes blindés étaient chargés sur le convoi. Nous étions fiers de notre unité.

Après que le dernier char ait été monté sur les wagons, le train s'ébranla. A travers la France puis l'Allemagne et la Pologne, nous sommes arrivés en Ukraine. L'hiver russe se faisait déjà sentir. A Poltawa, où nous avons déchargé nos chars, des flocons de neige nous ont accueillis. Une fois de plus, nous avons essayé nos engins. Deux jours plus tard, nous roulions par nos propres moyens, vers le front. Dans un petit village menant aux premières lignes, nous avons fait halte pour la nuit. Les petites isbas avec leurs toits de chaume étaient pour nous une première et un monde nouveau que nous découvrions. Après avoir bien dissimulé les chars, nous avons amené de quoi nous restaurer, nourriture que nous avons partagée avec nos logeurs ukrainiens trop contents. La vie d'un soldat du front commençait pour nous. Puis, un soir vint l'ordre de nous rendre en première ligne. Il avait neigé toute la journée précédente. La route était verglacée et l'emprunter était dangereux. Nous glissions plutôt que nous roulions, nous avons avancé petit à petit. Ça et là, un blindé gisait dans le bas-côté, n'ayant pu contrôler une glissade et attendait les gros semi-chenillés ou un autre panzer pour le sortir de son mauvais pas car, après bien des essais infructueux l'équipage avait baissé les bras. Notre char également s'était enfoncé dans un mur de neige et, en tentant d'en sortir, la chenille gauche s'était brisée. Nous étions tout de même heureux qu'il fasse encore un peu jour pour pouvoir réparer. Aussi, après quelques heures, nous avons enfin pu regagner le centre de la route et rejoindre la colonne blindée de notre *Kompanie*. Le jour suivant, il pleuvait, rendant les routes tout aussi impraticables, d'une autre manière. Avec cette boue innommable, une nouvelle fois, un incident nous retarda. Un axe de transmission cassa et comme l'atelier de réparation n'était pas derrière nous, une fois de plus, nous avons fait une halte prolongée dans un village russe afin d'attendre la venue des mécanos pour réparer notre char. Puis, après la réparation faite, nous avons repris notre route par un clair de lune en nous servant des deux chars qui nous précédaient et qui eux aussi montaient au front. N'ayant pas de carte, nous ne pouvions que nous accrocher à eux et les suivre. Et puis les premiers signes de combats s'offrirent à nous avec les restes d'une colonne de ravitaillement en munitions russes détruite par notre Armée. Ça et là, des cadavres de chevaux et des restes de véhicules, des obus et autres munitions épars sur le sol lorsqu'elles n'avaient pas explosé. Un léger brouillard et une lune voilée nous éclaire lors de ce premier engagement. Nous arrêtons notre route dans un village en flammes. Pas trace de vie, pas âme qui vive. Le long de la route, trois tombes de soldats allemands fraîchement creusées. En avant, ordonne notre commandant. Nous poursuivons notre route, nos moteurs hurlant en patinant dans les endroits meubles au milieu d'un espace vide et sans fin. Nous arrêtons un peu avant un autre village. Une fusée éclairante apparaît dans le ciel et, à la lueur de celle-ci, devant nous, deux tubes menaçants se font entrevoir. Un poste de garde que tenait un gars de la Flak s'avance vers nous. Il se réjouit de voir deux blindés allemands se trouver ici. Nous nous réjouissons de ce merveilleux accueil pour nous rendre compte que nous venions de traverser les lignes russes. Un chaudron venait de se former autour de Krasnograd et les Russes y étaient encerclés.

D'importantes chutes de neige nous accompagnaient lors de la route qui nous menait vers notre premier combat. Soudain, dans nos écouteurs, la voix de notre chef de *Kompanie* nous prévenant d'être sur le qui-vive et d'être prêts au combat. Nous étions sortis de la route principale et venions de prendre un chemin montant et descendant entre des petites collines. « *Attention, Ouvrez l'œil* », cette fois, c'est Ernst notre commandant qui nous parle et déjà les premières salutations des Russes se font entendre par l'arrivée d'obus antichars tirés par leurs canons antichars. Un sentiment très spécial nous parcourt, fait de peur et d'excitation. Comment allons-nous nous comporter, comment allons-nous nous en sortir ? La première cigarette calmante manquait. Les Russes nous envoient de plus en plus de coups. Un affût quadruple de 2 cm antiaérien non loin de nous est touché de plein fouet et brûle ! L'infanterie a également des pertes. La mort et sa grande faux fait sa moisson. « *Blindés en avant* ». Enfin, l'ordre attendu arrive. Nous arrosons de notre feu l'ennemi, en réponse à ses obus. Une fois de plus, les Russes cherchent à nous arrêter avec leurs canons antichars. Comme cela ne marche pas, ils reculent. Nous sommes envahis de plaisir de voir notre première attaque se dérouler avec succès. La nuit suivante, un nouveau village est attaqué sous le couvert de l'obscurité. Les maisons sont en feu et éclairent le terrain comme en plein jour. Lentement, notre infanterie envahit le village qui est fortement défendu. Nous la soutenons du mieux possible avec notre canon et nos mitrailleuses et, ensemble, nous pénétrons un peu plus dans le village. Blindés en avant ! Nous aussi nous roulons dans le village. Un feu d'enfer des canons antichars russes nous salue pour nous arrêter. Comme sur un plateau, nous sommes des cibles faciles à voir dans cette fausse clarté alors qu'eux sont dans le noir et sont comme à l'exercice. Un coup énorme sur le côté gauche de notre char nous bouscule dans notre engin. Coup au but, vite marche arrière ! Lentement et en hoquetant, notre char recule pour se mettre un peu plus loin à l'abri d'une isba. Un coup au but a endommagé notre roue avant d'entraînement de la chenille en cassant plusieurs des dents et la rendant pratiquement inefficace. Après que les hommes du service de réparation l'ait changée, nous repartons vers notre *Kompanie*. Entre-temps, les Russes se sont petit à petit retirés du village qui tombe entre nos mains. Nous campons à sa sortie dans l'attente d'une attaque prévue pour le lendemain matin. Nous devons nous reposer. Lentement l'aube se lève et le jour apparaît. Il neige de nouveau et des murs de flocons blancs descendent et réduisent énormément la vue. Notre infanterie est installée devant nous afin de prévenir toute contre-attaque russe. Soudain, cela bouge énormément devant nous, des chevaux hennissent, des bruits de chenilles, de véhicules se font entendre ainsi que des voix russes. Nous sommes surpris et nous nous attendons au pire mais rien ne se passe! On ne voit rien avec ces rideaux de neige. Des hommes envoyés en avant reviennent pour nous rapporter qu'une unité de ravitaillement russe est passée tout près, à quelques mètres de nous, sans nous voir à cause de la neige et a continué son chemin. Nous attendons un peu, puis le silence revient jusqu'au moment où retentit à nouveau l'ordre : *« Démarrez les moteurs, blindés en avant »*. Nous nous formons en pointe et attaquons et tirons sur cette colonne qui vient de passer. Après l'avoir détruite, nous resserrons encore un peu plus l'étau du chaudron. Les Russes ne parviennent plus à mettre leurs canons antichars en position convenablement. Il ne reste que les épaves des canons et des cadavres de ceux qui se sont opposés à nous.

Attaque aux environs de Charkow

Un épais brouillard recouvre le paysage. Les arbres et les buissons sont recouverts de blanc. Tout est silencieux. Seuls nos gardes se promènent dans la neige, assez haute. Ils surveillent nos blindés. La plupart de nos camarades dorment encore sous d'épaisses couvertures de laine dans des chars glacés. Je sors pour claquer mes pieds afin de les réchauffer. Apparemment, le soleil semble montrer son nez et il fera rapidement clair. Les gardes vont de char en char pour réveiller les équipages. Les chefs de peloton sont appelés par le commandant. Notre chef de char s'extrait par la tourelle et s'éloigne dans la neige. Peu après le rapport aux chefs de chars, c'est à nouveau le départ pour le combat. Nous devons attaquer un peu à l'écart de Charkow pour prendre l'aérodrome de Rogan qui alimente la ville en ravitaillement. Les moteurs sont lancés et vrombissent dans la neige. Les chenilles s'enfoncent et écrasent la neige épaisse et profonde en craquant. Les premiers fantassins russes apparaissent dans le brouillard de neige pour disparaître aussitôt dès qu'ils nous voient et s'enfuient vers le village en arrière. Les premiers rayons de soleil apparaissent et, dans le brouillard neigeux, nous permettent de distinguer les silhouettes blanchâtres des Russes lorsque nous arrivons dans le premier village. Nos tirs les couchent dans la neige. Presque sans combattre, nous prenons ce village. Nous faisons une pause et ratissons les caves et les maisons où nous faisons beaucoup de prisonniers. Une grosse majorité de Mongols des troupes d'élite russes. Nous poursuivons notre avance et nous rapprochons de l'aérodrome de Rogan. La prise de cet aérodrome ne nous demande pas de gros combats. Là aussi, plus de fantassins que de blindés. Les blindés sont détruits rapidement et le reste se débande sans que nous ne les revoyions. Le village suivant est fortement défendu par de l'infanterie. Pour nous un problème de plus. L'un des cylindres de notre moteur ne veut plus bouger, il est bloqué dans le cylindre peut-être par le froid. Nous essayons avec la manivelle de faire tourner le moteur mais sans succès. Nous restons là alors que les autres panzers poursuivent l'avance. Soudain, un hululement strident et un gros obus russe de 172 mm atterrit non loin. On nous avait sûrement observé et pris ensuite pour cible. De nouveau, un obus arrive et celui-là mieux placé. Je reçois un violent coup sur la main gauche et la hanche gauche. Mon camarade crie car il vient d'être touché au bras gauche et s'effondre sur le côté de notre char. Par radio, nous demandons à l'un de nos blindés de revenir nous chercher. Ceci est fait et nous sommes conduits à l'hôpital, nous sommes le **13 mars 1943**. »

Après plusieurs semaines où Walter Weber se rendra d'hôpital en hôpital, il sera remis sur pied au printemps 1943 et rejoindra son unité. Celle-ci, à cette époque, était stationnée aux environs de Charkow. L'entraînement et les exercices avaient de nouveau recommencé. « Un appel chassait l'autre pour passer le temps. Nous rongions notre frein et attendions avec impatience l'ordre de nous rendre sur une ligne de front. Notre attente fut longue et nous avons dû prendre patience. Nous pratiquions le sport de bonne heure le matin et jamais il n'y eut autant de monde « malade » avec des petits bobos pour éviter toutes ces corvées.

Ci-contre : tombe du *Sturmmann* Walter Weber.

Un autre vétéran, l'*Oberscharführer* **Martin Steiger**, de la *1. Kompanie* du *SS-Pz.-Rgt. 3 « T »* a noté dans ses souvenirs de combats :

« Le **2 mai 1943**, nous avons perdu le Kommandant du Panzer 133, le *Sturmmann* Walter Weber, qui sera tué par l'explosion d'une grenade allemande. On ne sait pas comment cela s'est passé mais cet accident malheureux nous a marqué. Nous l'avons enterré à la sortie du village de Kosatschek. »

Superbe photo prise en hiver en Russie, nous permettant de bien voir un Panzer III du *SS-Panzer-Regiment 3*. Il comporte des réservoirs d'essence sur l'arrière du véhicule. Il appartient à la *2. Kompanie*. Tout à gauche, le *SS-Schütze* Söldner qui a envoyé cette photo et d'autres encore.

Le matin, nous devions tirer la langue pour avaler nos tablettes anti-maladie puis le *Spiess* vérifiait nos affaires comme les mouchoirs, les petits ustensiles plastiques qui contenaient le beurre, le fromage, etc. et qui devaient toujours être nickel propre. Lorsque l'un de nous était en retard à l'appel, il écopait de « pompes » ou autre exercice punitif.

A gauche : photo de Franz Gschwandtner de l'état-major de la *I. Abteilung* du *SS-Panzer-Regiment 3 « Totenkopf »*.

Ci-contre : autre photo de Franz Gschwandtner dans sa tenue noire de tankiste, également rencontré lors des réunions de vétérans.

Ci-dessous : document attestant du passage au grade de *Sturmmann* de Franz Gschwandtner.

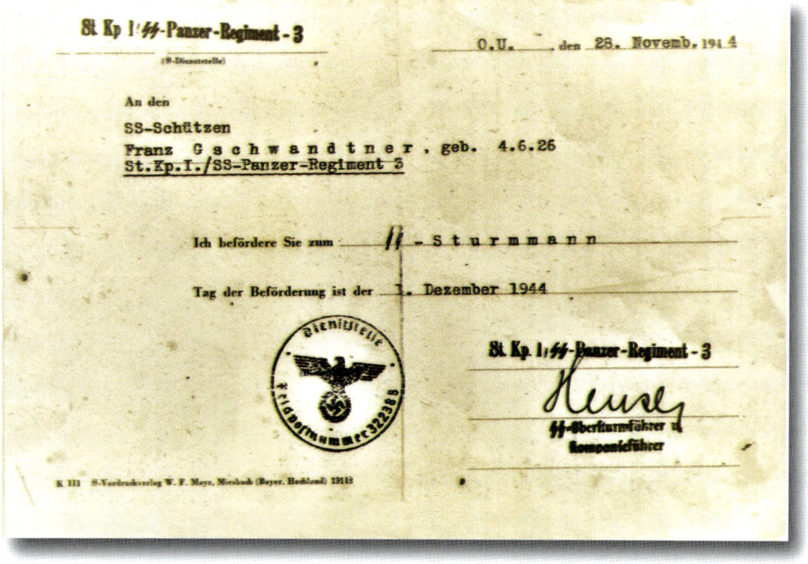

St Kp I/SS-Panzer-Regiment - 3 O.U. den 28. Novemb. 1944

An den

SS-Schützen

Franz G s c h w a n d t n e r , geb. 4.6.26

St.Kp.I./SS-Panzer-Regiment 3

Ich befördere Sie zum SS - S t u r m m a n n

Tag der Beförderung ist der 1. Dezember 1944

St Kp I/SS-Panzer-Regiment - 3

SS-Obersturmführer u. Kompanieführer

2

1

1. Photo d'un soldat du *SS-Panzer-Regiment « Totenkopf »*. Cet *Unterscharführer* est en permission chez ses parents.

2. Très intéressante photo de la tourelle du Panzer III d'une des compagnies du *SS-Pz-Rgt. 3 « T »*. Notez la caisse à l'arrière de la tourelle servant à entreposer toutes sortes de choses.

3

4

Sturmmann Fritz Fuchs

5

3. Les membres de l'équipage de ce Panzer III du *SS-Pz-Rgt. 3* semblent bien ennuyés pour mettre en marche le moteur de leur Panzer III. Deux hommes peinent à le faire tourner avec la manivelle à l'arrière pendant que deux autres, juchés sur le capot moteur et ayant ouvert les trappes du moteur, aident au démarrage dans le grand froid de l'hiver russe.

4. Bonne photo du *Sturmmann* Fritz Fuchs de la *7. Kompanie* du *SS-Pz-Rgt. 3 « T »*, dédicacée.

5. La même photo mais montrant un peu mieux ses décorations dont le *Panzerkampfabzeichen*.

6. Intéressante photo du *SS-Schütze* Fritz Fuchs dans sa tenue noire. Il porte l'insigne en forme de losange de la *HJ* ainsi que le badge de sport de la *HJ*.

7. Autre photo du *Sturmmann* Fritz Fuchs de la *7. Kompanie* du Régiment de panzers de la *Totenkopf*.

8. Pages du *Soldbuch* de Fritz Fuchs où l'on peut voir qu'il a reçu le *Panzerkampfabzeichen* en argent.

9. Le jeune Fritz Fuchs, complètement à gauche, et trois membres de l'équipage de son Panzer III que l'on voit derrière eux.

6

7

Soldbuch
zugleich Personalausweis
Nr. 652
SS Schützen
(Dienstgrad)
ab 11.3.1943
ab 1.10.1944
Fuchs Friedrich Georg
(Vor- und Zuname)
Beschriftung und Nummer der Erkennungsmarke 652 SS Pz. Ers. Abt.
Blutgruppe
Gasmaskengröße 2
Wehrnummer Mainz

Beurlaubungen über fünf Tage
Mainz
Familienurlaub
18. Feb. 1943
Mainz
Kurzurlaub
27. Sept. 1943
Mainz
Erholungsurlaub
-4. Feb. 1944

Auszeichnungen:
10.3.43 Panzerkampfabz. - Silber - SS-T.Pz.Rgt. 3
SS-Sturmführer u. Lehrgangsleiter

A. Zuletzt zuständige Wehrersatzdienststelle: Mainz
2. SS-Panzer E. Abtlg.
Weimar-Buchenwald
B. Zum Feldheer abgesandt von:
Ersatztruppenteil
Kompanie
Nr. der Truppenstammrolle
C. Feldtruppenteil
Kompanie
Nr. der Kriegsstammrolle
SS-Pz. Rgt. 3
7. Kp.
D. Jetzt zuständ. Ersatztruppenteil
Standort
2. SS-Panzer E. Abtlg.
Weimar-Buchenwald

Anschriften der nächsten lebenden Angehörigen
des Fuchs Friedrich Georg
1. Ehefrau: Vor- und Mädchenname
Wohnort (Kreis)
Straße, Haus-Nr.
2. Eltern: des Vaters, Vor- und Zuname Friedrich Fuchs
Stand oder Gewerbe
der Mutter, Vor- und Mädchenname Emilie Keller
Wohnort (Kreis) Mainz
Straße, Haus-Nr.
3. Verwandte oder Braut:
Vor- und Zuname
Stand oder Gewerbe
Wohnort (Kreis) Bad-Soden
Straße, Haus-Nr. 33

8

9

L'équipage de ce Panzer III pose pour une photo souvenir à côté de son engin dont on peut voir qu'il ne reste qu'une partie des *Schürzen* de la tourelle qui sont là pour faire éclater les petites charges et obus avant que d'atteindre la tourelle elle-même.

Photo du Panzer III N° 502 du *SS-Panzer- Regiment 3* de la *« Totenkopf »*. Notez que trois membres de l'équipage portent la combinaison camouflée de la Waffen-SS. Photo prise en juillet 1943 dans la région de Bjelgorod. Le pointeur Werner Söldner tourne le dos au photographe.

A gauche : très bonne photo de Franz Holze en tant que *Rottenführer* et portant les rubans de l'*Ostmedaille* et KVK.

Ci-contre : autre photo de Franz Holze, cette fois en tant qu'*Unterscharführer* avec la casquette. Notez la tenue noire.

Ci-dessous : photo recto et verso du faire part de décès de l'*Unterscharführer* Franz Holze.

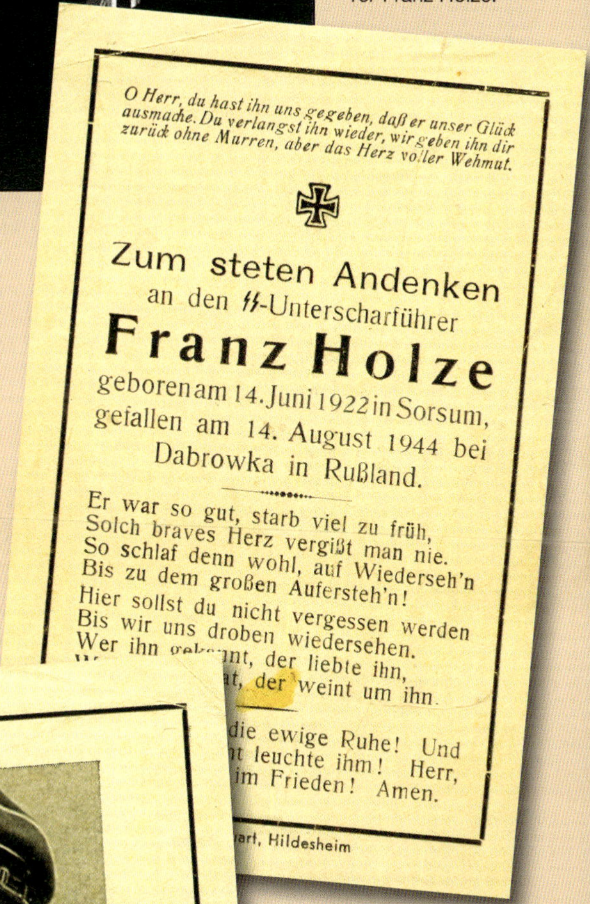

O Herr, du hast ihn uns gegeben, daß er unser Glück ausmache. Du verlangst ihn wieder, wir geben ihn dir zurück ohne Murren, aber das Herz voller Wehmut.

✠

Zum steten Andenken
an den ᛋᛋ-Unterscharführer
Franz Holze
geboren am 14. Juni 1922 in Sorsum,
gefallen am 14. August 1944 bei
Dabrowka in Rußland.

Er war so gut, starb viel zu früh,
Solch braves Herz vergißt man nie.
So schlaf denn wohl, auf Wiederseh'n
Bis zu dem großen Aufersteh'n!
Hier sollst du nicht vergessen werden
Bis wir uns droben wiedersehen.
Wer ihn gekannt, der liebte ihn,
...t, der weint um ihn.

...die ewige Ruhe! Und
...t leuchte ihm! Herr,
...im Frieden! Amen.

...art, Hildesheim

Ci-dessus : autre bonne photo de l'*Unterscharführer* Holze prise en 1944 avant son décès au combat en août 1944.

O Eltern und Geschwister mein!
Ich kehre nicht mehr zu Euch heim.
Mein letzter Gedanke, mein letzter Blick,
Der eilte noch zu Euch zurück.
Mußt' ich so früh von Euch geh'n,
Im Himmel: Auf ein Wiederseh'n!

1

1. Un Panzer III du *SS-Panzer-Regiment 3 « Totenkopf »* traverse un fleuve sur un pont tout en croisant une unité du *Heer*.

2. Photo d'un *SS-Schütze* du *SS-Panzer-Regiment 3 « Totenkopf »*.

3. Deux Panzer IV à canon long du *SS-Panzer-Regiment 3 « Totenkopf »*.

4. Un Panzer III avec son équipage mais aussi quelques prisonniers russes qui ont pris place sur le char pour être ramenés vers l'arrière et y être interrogés.

5. La photo est en mauvais état mais permet tout de même de voir que l'un des membres de l'équipage de ce Panzer III du *SS-Pz-Rgt. 3* vient de recevoir l'*EK II,* il pourra la porter toute cette journée.

6. Photo intéressante d'un Panzer III équipé du canon de 75 mm court (des premiers Pz IV) du *SS-Panzer Regiment 3 « Totenkopf »*.

7. Photo de l'*Unterscharführer* Heinz Wachter du *SS-Panzer-Regiment 3 « Totenkopf »* dont il porte la bande de bras. Quant à son frère Hans-Otto, il servira dans la 8e Division de Cavalerie *SS « Florian Geyer »*.

2

3

4

7

5

6

Ci-contre : le Jeune *SS-Schütze* Hüttinger portant l'insigne de sport de la *HJ.* Il sert dans le *SS-Panzer-Regiment 3 « Totenkopf »,* à bord du panzer de l'*Unterscharführer* Stettner.

A droite : photo du *Hauptsturmführer* Walter Bormuth de la *I. Abt.* du *SS-Pz.-Rgt. 3 « Totenkopf ».*

Ci-dessous : deux tankistes du *SS-Panzer-Regiment 3 « Totenkopf ».*

Ci-dessous, à droite : très bonne photo d'un *Unterscharführer* dans sa tenue noire de tankiste. Il porte le cordon avec le sifflet propre au *Spiess* et au chef de peloton.

Panzermann de la division « *Totenkopf* ».

Ci-dessus : *Oberscharführer* du *SS-Panzer-Regiment* « *Totenkopf* » portant le ruban de l'EK II et le *Panzerkampfabzeichen* ainsi que la médaille des blessés.

Ci-dessous : autre photo de cet *Oberscharführer* avec sa fiancée. Notez la patte de col avec la tête de mort spécifique de la Division « *Totenkopf* » et différente de celle des tankistes du *Heer*.

Un *Unterscharführer* dans sa tenue blanche hivernale et devant son Panzer III.

5

1. Un autre *Unterscharführer* devant un Panzer III. Lui aussi porte le ruban de l'*EK II*.

2. Un Panzer III du *SS-Panzer-Regiment 3 « T »* est ravitaillé en essence.

3. Un gros éclat a endommagé la caisse supplémentaire se trouvant derrière la tourelle du Panzer III.

4. L'équipage de ce Panzer III du *SS-Panzer-Regiment 3* se détend au soleil entre deux combats.

5. Photo d'un Panzer III du *SS-Panzer-Regiment 3 « Totenkopf »*.

6. Le Panzer III à canon de 5 cm court portant le numéro R 01.

7. Autre photo du Panzer III R 01.

7

6

L'*Unterscharführer* Stanergauk du *SS-Panzer- Regiment 3 « Totenkopf »* portant de nombreuses décorations et posant devant son Panzer IV. Il tombera le 5 juillet 1943 lors de l'opération « Zitadelle ».

Page ci-contre, en haut : photo d'Adolf Suwe ici avec le grade d'*Untersturmführer*.

Ci-contre : photo d'un *Unterscharführer* du *SS-Panzer-Regiment 3 « Totenkopf »* à la tourelle de son Panzer III. On distingue quelque peu la bande de bras de la division.

Ci-dessus : photo de mariage d'un *Rottenführer* de la *3. SS-Panzer-Division*. Il porte la tenue noire typique des unités blindées.

Ci-dessous : photo du *Sturmmann* Herbert Wrase du *SS-Panzer-Rgt. 3 « Totenkopf »* avec sa fiancée.

Ci-dessous, à droite : diplôme de *Panzerkampfabzeichen* en Argent IIe grade du *Sturmmann* Herbert Wrase de l'état-major de la *II. Abteilung* du *SS-Pz.-Rgt. 3 « Totenkopf »*.

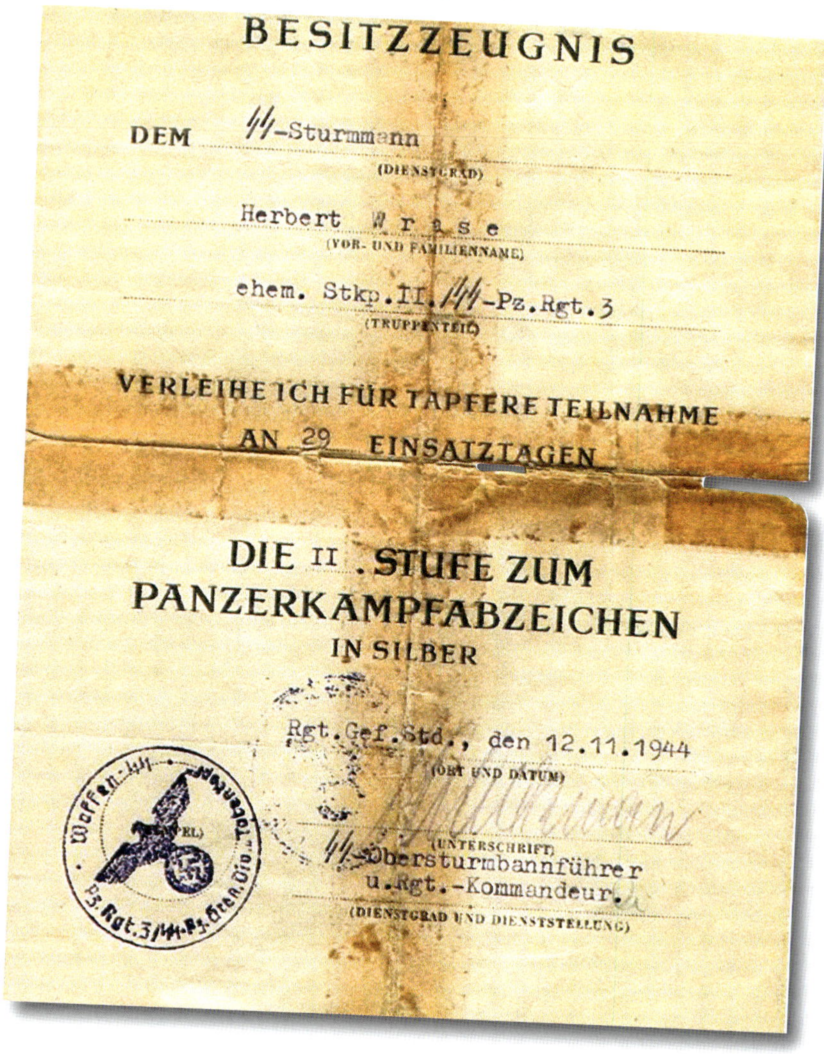

BESITZZEUGNIS

DEM SS-Sturmmann
(DIENSTGRAD)

Herbert Wrase
(VOR- UND FAMILIENNAME)

ehem. Stkp. II. SS-Pz.Rgt.3
(TRUPPENTEIL)

VERLEIHE ICH FÜR TAPFERE TEILNAHME
AN 29 EINSATZTAGEN

DIE II. STUFE ZUM
PANZERKAMPFABZEICHEN
IN SILBER

Rgt.Gef.Std., den 12.11.1944
(ORT UND DATUM)

(UNTERSCHRIFT)
SS-Obersturmbannführer
u.Rgt.-Kommandeur.
(DIENSTGRAD UND DIENSTSTELLUNG)

1

2

3

1. Panzer III d'Adolf Suwe avec ses camarades membres d'équipage dans leurs tenues blanches et le panzer revêtu également de sa livrée blanche.

2 et 3. Deux autres photos du Panzer III d'Adolf Suwe et de l'équipage.

4. Le blindage additionnel du Panzer III R 02 a reçu un obus qui lui a arraché un morceau juste au-dessus de la place du chauffeur. Notez la tête de mort à droite et les morceaux de chenilles servant également à renforcer le blindage.

6

4

5

7

8

5. Bien qu'un peu floutée, intéressante photo de trois camarades du *SS-Panzer-Regiment 3 « Totenkopf »* dans leurs tenues noires de tankistes.

6. Autre photo d'Adolf Suwe portant la bande de bras *« Totenkopf »* sur son uniforme noir de tankiste.

7. Deux camarades de la division *« Totenkopf »*, l'un d'eux porte l'uniforme noir des tankistes et l'autre celui de fantassin. Ce dernier porte la patte de col avec la tête de mort, emblème de la division.

8. Au cours de l'hiver 42/43, ce jeune *Sturmmann* s'est fait photographier chez lui au cours d'une permission. Il porte le ruban de l'EK II et la tête de mort sur la patte de col droite.

1. Un jeune membre d'équipage de Panzer III se tient sur son engin nous permettant de voir que des éléments de chenilles ont été, comme cela est souvent le cas, rajoutés pour augmenter un peu le blindage moyen du char.

2. Arrêté le long d'une petite barricade dans un village russe, ce Panzer IV nous permet de voir les *Schürzen* additionnelles et les quelques branchages de camouflage.

3 et 4. Les wagons de «premières classes» qu'utilisèrent à chaque fois les hommes des divisions blindées de la Waffen-SS et qui n'avaient rien de luxueux. Les nombreux envois aux points névralgiques et aux cours des offensives russes leur permirent de « tâter » du confort spartiate des convois ferroviaires les ballottant d'un endroit à un autre.

5. Petit moment de détente pour l'équipage d'Adolf Suwe au son d'une balalaïka. Le Panzer III est équipé du canon de 5 cm et du renfort de blindage avant que l'on peut distinguer avec les gros rivets de fixation, que ce soit sur le blindage avant comme pour la tourelle (masque du canon).

1

2

3

4

5

3

2

1

1. Voici ce que pouvait voir un équipage de char lors des changements de position ; ce que nous voyons était dû au très mauvais état des routes soviétiques, la plupart du temps en terre. On distingue à peine le char précédent dans la poussière qu'il dégage.

2. L'*Unterscharführer* Richard Doll, ici photographié lors de la formation de l'unité blindée de la *3. SS-Panzer-Division « Totenkopf »* en France en décembre 1942, près de Nersac / Angoulême.

3. Très bonne photo d'un des membres de l'équipage du Tigre d'Adolf Suwe dans sa tenue camouflée dite « petits pois ».

4. Le jeune *Sturmmann* Werner Schünemann du *SS-Panzer-Regiment 3 « Totenkopf »* dans sa tenue noire. Il porte déjà le *Panzerkampfabzeichen* et le ruban de l'EK II qui montre qu'il n'est plus un novice.

5. Le jeune *Sturmmann* W. Schünemann se restaurant avec un camarade. La photo très nette nous permet de voir ses décorations.

6. Autre membre de cette unité portant le *Panzerkampfabzeichen* et la médaille des blessés.

7. Le même *Sturmmann* que sur la photo précédente.

1

2

3

1. Au cours d'une permission, cet *Oberscharführer* peut revoir sa fiancée, devenue son épouse, que nous avons déjà pu voir en page 15. Il porte le *Panzerkampfabzeichen* ainsi que le ruban d'EK II sur sa tenue noire.

2. Autre photo de l'*Oberscharführer* lors de sa permission et qui nous montre bien ses décorations ainsi que la bande de bras « *Totenkopf* ».

3. Autre photo du même *Oberscharführer* montrant qu'il est déjà père et donc n'est plus un adolescent.

4. L'*Oberscharführer* et sa femme ainsi qu'un membre de la Wehrmacht, peut-être un frère. Très bonne photo nette et montrant ses décorations.

4. En tant qu'*Unterscharführer* dans sa tenue noire de tankiste et montrant non seulement la bande de bras « *Totenkopf* » mais aussi ses décorations.

5. L'*Oberscharführer* de la photo précédente, revenu au front, songe aux moments de détente trop courts qu'il a passés au pays.

4

5

6

Ci-contre : le *Sturmmann* Werner Schünemann se fait tirer le portrait avec un camarade portant le pantalon camouflé. On peut noter leur jeune âge.

Ci-dessus : très bonne photo de Waldemar Riefkogel alors qu'il a été légèrement blessé au bras. Il est alors *Untersturmführer.* Noter qu'il porte un vêtement chaud supplémentaire, sûrement fourni par le *Winterhilfswerk* (le Secours d'hiver).

Ci-dessous : photo le montrant, en tant que *Obersturmführer,* entre son Panzer III portant la tête de mort de la Division et un camion Opel Blitz.

Zitadelle

Nous reprenons le témoignage de **Walter Weber**, engagé dans l'opération *Zitadelle.*

« Puis, après plusieurs alarmes factices, vint le jour de la grande offensive nommée *"Zitadelle",* c'était **fin juin 1943**. Nous étions mis en alerte intense pour une offensive sur Bjelgorod. Nous laissions derrière nous un immense nuage de poussières au soir de notre première journée. Nous ne connaissions pas encore notre but. Le lendemain, nous sommes arrivés dans une forêt où nous sommes restés jusqu'au soir. Puis nous avons repris notre route. Le lendemain, peu avant midi, nous avons atteint notre cible, une autre forêt dans laquelle nous nous sommes camouflés jusqu'à l'heure précise de l'attaque générale. Notre *Spiess* passa à nouveau la revue des équipements individuels et procéda à l'appel réglementaire. Du front qui en fait n'était pas très loin de là, nous n'entendions aucun bruit particulier. Seuls des avions de reconnaissance russes passaient au-dessus de nous mais notre Flak s'en chargea rapidement et les mirent au tapis. Au soir du **3 juillet** 1943, nous avons encore une fois organisé une soirée festive entre camarades, ce qui serait la dernière pour beaucoup.

Le **4 juillet**, avant la tombée de la nuit, nous gagnons nos positions de départ.

Le **5 juillet** 1943 : Nuit claire et étoilée. Le tonnerre et le bruit de l'artillerie grondent à l'horizon et les éclairs illuminent le front. Des balles traçantes zèbrent le ciel. Des bombes éclairantes russes illuminent ce qui va être le champ de guerre d'une des plus grosses offensives à l'Est. Les bombes et les tirs russes répondent à ceux que nous effectuons. Encore quelques heures de route et nous atteindrons la ligne de front et de départ de l'offensive. Notre artillerie continue de faire gronder le canon au-dessus de nous. Notre artillerie pilonne les positions russes. Maintenant, c'est le hurlement de nos Nebelwerfer qui sature nos oreilles et emplissent le ciel de leur traînée blanchâtre. C'est avec l'arrivée du soleil que nous sommes sur nos positions de départ. C'est une image incroyable qui se déroule sous nos yeux. Nous n'avions jamais vu autant de forces mécanisées réunies pour une offensive, c'est dantesque. Tous les véhicules lourds et légers sont réunis, soutenus par une artillerie ravitaillée en munitions pour une offensive qui devait être décisive à l'Est. Une multitude de troupes est prête et n'attend que le signal du départ pour écraser l'adversaire et bousculer le front. L'aviation est aussi active que les forces mécanisées. Les escadrilles de Stukas vrombissent les unes derrière les autres, inlassablement, escortées par nos chasseurs. De l'autre côté, des avions de bombardement en piqué apparaissent pour nous ralentir. Nous recevons l'ordre de nous enterrer pour réduire l'effet de leurs bombes et minimiser les morts et blessés. Nous sommes tellement affairés à creuser le sol que nous n'entendons pas une escadrille de bombardiers russes nous survoler. Le sifflement des bombes nous fait lever la tête que déjà les premières explosent, un peu tard pour se protéger. Les éclats de bombes crépitent sur les blindages de nos chars. L'horizon est jaune des explosions, fumées et poussière soulevée aussi bien par les blindés que par les bombes et obus. Les blessés crient et appellent à l'aide les infirmiers. Lorsque l'air devient respirable et que l'on distingue un peu mieux, l'épave flamboyante d'un blindé touché nous apparaît et l'équipage est épars tout autour, mort ou blessé. Certains rampent pour s'éloigner du char en flammes alors que les cris pour les infirmiers fusent de toutes parts. Un éclat a atteint l'un des membres de notre équipage qui s'était pourtant camouflé sous notre blindé. Il n'y a plus rien à faire pour lui. L'éclat lui a labouré le corps. Pour reformer notre équipage, il faut presque utiliser toute la réserve.

Notre Flak est à l'œuvre et, avec joie, nous voyons les appareils ennemis descendre en flammes et s'écraser au sol dans une gerbe de feu et de flammes. Ensuite, quelques corolles de parachutes s'ouvrent dans les airs. Des commandos de chasse sont de suite organisés pour récupérer les pilotes et membres d'équipages des avions russes.

Vers 15 h, nous nous mettons en marche, enfin. La première vague a déjà avancé et enfoncé les premières lignes russes très bien organisées et fortement défendues. Notre char roule sur l'une des centaines de mines que les Russes ont posés et nous restons plantés dans le paysage en attendant l'atelier de réparation. L'équipage tourne autour de notre blindé pour évaluer les dégâts. Pas de pertes mais un retard pour nous. Nous y passons la nuit, campant dans un champ. Le lendemain matin, c'est une pluie dense qui nous réveille. Il fait encore noir et, sous les trombes d'eau, nous nous réfugions sous le char. Nous subissons encore, alors que le jour n'est pas encore levé, la venue d'un petit bombardier russe qui cherche une dernière proie pour sa dernière bombe. A l'Est, le ciel devient rouge. La pluie cesse et nous sortons de notre abri avec nos affaires. Nous attendons patiemment de nouveaux ordres.

Aujourd'hui, nous devons traverser le Donetz et détruire sur l'autre rive les fortes défenses soviétiques qui y sont installées pour attendre la grosse offensive allemande. Avec la montée du soleil, nous avançons vers le fleuve. Une brume venant du Donetz rend la vue sur les défenses soviétiques pénible mais nous laisse apparaître clairement sur le futur champ de bataille. Puis, soudain, une grêle d'obus antichars et explosifs arrive de l'autre rive. Toutes les bouches à feu russes nous tirent dessus sans que nous ne puissions savoir où ils sont et sans pouvoir répondre. Nous sommes en plein soleil et sommes présentés comme une cible merveilleuse pour les tireurs russes. Nous envoyons aussitôt des grenades qui répandirent assez vite un brouillard derrière lequel nous avons pu nous retirer et rejoindre une petite forêt où nous nous sommes abrités et ainsi ne pas perdre trop de monde. Quelques heures plus tard, nous recevons l'ordre de rejoindre un village situé en arrière de la forêt mais des chasseurs-bombardiers nous y prennent pour cible. Après avoir nettoyé les armes et canons et préparé le char pour de nouveaux engagements, nous pensons un peu à nous. La popote nous a préparé soupe de poulets et pâtes. Un délice que nous n'oublierons pas de sitôt car nous allons cruellement manquer de nourriture et de ravitaillements. Alors que nous allions manger notre soupe, un fantassin arrive tout courant en criant que les blindés russes arrivent ! Nous lâchons tout et grimpons rapidement dans notre blindé, notre chef de char suit déjà le chef de *Kompanie* pour contrer l'ennemi. Une transmission de l'état-major nous apprend qu'une attaque russe avait percée et se trouvait dans notre secteur. 500 à 600 mètres loin du village, nous trouvons un endroit où attendre parfaitement l'attaque ennemie. Souvent, nous avons été mis en alerte aux blindés sans que cela ne soit suivi de combat. Que va t'il en advenir aujourd'hui ? Je peste contre celui qui nous a fait rater une bonne soupe de poulet et plaque mon œil sur le viseur de notre canon. Beaucoup d'espoir mais rien. Dans le village, il y a un branle-bas de combat. Les chars russes se tenaient quelque part non loin et tirent sur celui-ci, là où nous nous tenions peu de temps auparavant. Soudain, je sors de mon état de veille car des bruits de chenilles semblent arriver du haut d'une colline voisine. Et enfin un char russe approche sans nous avoir détectés. Arrivé à 200 mètres de nous, je lui envoie un obus antichar de notre canon long de 5 cm (nous avions un Panzer III avec canon de 5 cm KwK 5cm L 60). L'obus ricoche sur son épais blindage frontal de la tourelle et s'envole avec un éclair vers le ciel. Les autres chars tirent également mais avec le même résultat négatif jusqu'à ce qu'un Sfl Marder III lui envoie un obus de 75 mm qui le détruit, il flambe sous le coup de son obus. Un T 34 fonce sur nous à toute vitesse. A 50 mètres, je lui envoie un obus dans le compartiment moteur. Il avance encore un peu en brûlant puis s'arrête, terrassé. Les autres blindés de notre compagnie étaient eux aussi au combat avec d'autres chars russes. Apparemment, les Russes ont été surpris de notre riposte et ne nous attendaient pas là. Ils avancent dans tous les sens, sans ordre, et ils tirent en roulant ce qui rend leur tir des plus imprécis. Un char anglais Churchill I (de la loi prêt-bail) fonce sur nous, à 40, 50 mètres, je lui envoie un obus entre la tourelle et le blindage de caisse. L'équipage stoppe le char et s'en extraie rapidement pour s'égayer dans l'herbe haute sans chercher leur reste. Jusqu'à présent, deux vagues de chars russes nous avaient attaqués et une petite pause semble se dessiner. Les restes de chars russes détruits parsèment déjà le champ de bataille. Une troisième vague arrive du haut de la colline. J'avais positionné la tourelle à dix heures, un peu à gauche, lorsque le chauffeur crie : « *Char russe devant* ». Dans cette position, j'en perds la respiration. A l'abri du char Churchill I que nous venons de détruire, celui-ci nous approche à 20 mètres. Pourquoi il ne nous tire pas reste encore aujourd'hui pour moi un grand mystère. Je tire aussitôt que je le peux et un éclair illumine le Churchill en transperçant son blindage frontal. Deux membres de l'équipage en sortent pour se sauver mais le troisième tombe sous les balles de notre mitrailleuse. Après ce nouvel assaut infructueux, plus aucun char n'apparaît. Onze épaves de chars russes se trouvent devant notre position. Chez nous, un obus a atteint la tourelle d'un blindé et un char russe T 34 dans une attaque suicide avait éperonné l'un des nôtres. Aucune perte dans nos rangs. Nous avons rejoint le village où, pris de panique, beaucoup avaient fui sauf notre brave cuisinier qui dit que nous n'avons pas fini de manger et que cela n'avait aucun sens de se sauver. Malheureusement pour nous, les pâtes ne seront pas plus mangées car, rapidement, d'autres combats vont suivre.

Dans la nuit, des fantassins arrivent pour sécuriser l'endroit et donner un appui à notre unité blindée. Une attaque d'infanterie russe est anéantie ainsi que le char léger T 70 qui la soutenait. La lueur des chars russes encore en feu nous y aide. Cette clarté bizarre sert aussi les avions d'attaque au sol et les bombardiers russes qui cherchent à nous faire payer les pertes que nous leur avions infligées aujourd'hui.

Le lendemain, aux premières lueurs du jour, nous avons examiné le champ de bataille de la veille où, parmi les épaves brûlantes et fumantes, se trouvaient des corps calcinés et des blessés dans l'herbe. Une image terrible d'un champ de bataille après un dur affrontement. Les autres compagnies arrivent afin de poursuivre notre avance avec nous. Alors que le *Kommandeur* du Régiment de chars nous dépasse dans son véhicule blindé, notre chef de *Kompanie* le salue. Le *Kommandeur,* d'un geste de la main symbolique, le remercie du combat victorieux de la veille. Nous nous sommes bien assis à nos postes et, tourelle fermée, nous nous sommes apprêtés pour le prochain combat. Celui-ci allait être moins violent que celui de la veille. Malgré une certaine avance sans trop grande opposition, nous recevons l'ordre de stopper. Nous nous mettons en sécurité en hérisson dans un champ en attendant les ordres avant de nous replier un peu à l'abri d'une forêt. De nouveau, il faut nettoyer les armes, en profiter pour nous laver et manger un peu. La nuit est sans arrêt interrompue par l'apparition de petits bombardiers qui larguent des bombes un peu au hasard et mitraillent autant pour nous mettre la pression que pour faire des dégâts. Ces petits « moustiques » se suivent les uns après les autres, lançant des parachutes avec des bombes éclairantes qui donnent une lueur jaunâtre à la nuit en cherchant à nous localiser. Jusqu'à l'après-midi suivant, nous resterons dans cette forêt. Puis l'ordre vient de progresser à nouveau. Arrivés à nouveau sur place sous, une pluie d'enfer, nous montons nos tentes pour nous mettre à l'abri et dormir un peu avant de nouveaux combats prévus pour le lendemain.

« *Chefs de pelotons au rapport du chef de compagnie* ». C'est ainsi que nous sommes réveillés au petit matin. Peu de temps pour les ablutions matinales et un rapide petit-déjeuner car cet ordre annonce un départ rapide et très proche. Et effectivement, de retour parmi nous, le chef de notre peloton nous ordonne de nous mettre en route le plus vite possible car nous avons de nouveaux objectifs. Dans ce secteur aussi, les Russes avaient tenté de percer nos lignes avec de puissantes forces épaulées par des chars mais, là aussi, cela s'est terminé par des pertes énormes pour les Russes. Quelques chars russes étaient même tombés intacts dans nos mains. Nous les avons immédiatement retournés contre leurs anciens propriétaires mais en les garnissant de grosses croix noires. Vers midi, nous sommes de nouveau passés à l'attaque. De très nombreux obus antichars et de l'artillerie nous accueillent. L'arrivée de nouveaux engins sur le côté a été observée. Des fantassins russes ont été également aperçus arrivant dans leurs camions pour être déposés devant nous. Le barrage antichar augmente de volume. Un de nos chars est détruit et d'autres reçoivent des coups au but mais qui ne les détruisent pas. Malgré tout, des membres d'équipages sont blessés et doivent être évacués et remplacés. Lentement, nous avançons. Une partie de la compagnie reste en arrière par sécurité. Nous continuons d'attaquer en passant dans une petite vallée. Nous ralentissons dans celle-ci pour reprendre notre souffle.

Nos fantassins nous signalent des chars russes bien camouflés devant nous. Nous soufflons avant de continuer. Un antichar tire infatigablement sur nous mais ses obus passent trop haut. Au soir, nous approchons du village suivant et l'envahissons en tirant de toutes nos armes. Nous ne voyons aucun char russe ? Des maisons et des véhicules transportant des munitions sont en flammes et explosent dans de grandes gerbes comme une nuit de Walpurgis. Des bombardiers russes arrivent en profitant de la clarté due aux flammes et nous larguent un déluge de bombes. Le sol tremble et nous sommes chahutés dans nos blindés et nos têtes heurtent les dures parois de fer et d'acier. Le bruit des bombes dehors nous assourdissent, que ce soit par leur sifflement comme par leur explosion et le bruit de tout ce qui est projeté sur nos engins. Cela claque de tous les côtés. Après la troisième attaque, nous quittons le terrain et nous nous rassemblons dans une autre petite vallée où nous prenons un peu de repos avant la journée suivante et de nouvelles attaques.

Nuit claire et complètement étoilée. Un léger vent chaud souffle sur les champs. Après quatorze heures de combats presque ininterrompues, nous sommes revenus sur des positions un peu plus calmes et aspirons à un peu de sommeil. A minuit, j'ai mon tour de garde et je serpente entre les chars, fumant une cigarette après l'autre pour ne pas dormir. Des bombardiers russes nous survolent à nouveau. Puis des parachutes avec des bombes éclairantes avant de recevoir encore quelques bombes. 2h00 du matin arrivent et je vais enfin être remplacé. Je laisse la place et m'enfonce au chaud sous notre char. Je commence à peine à m'endormir que des cris me réveillent : *« Préparez les munitions » !* Tout en courant, nous nous mettons au travail, il est 3h00. Jusqu'au petit matin, nous avons fort à faire entre le nettoyage et la vérification des armes, la prise d'un petit-déjeuner rapide mais il n'est pas question de penser à dormir. Des tirs de barrages des antichars russes se font entendre. Nous sommes recroquevillés dans nos chars attendant les ordres. Soudain, quelqu'un crie. L'explosion d'un des obus russe a fait un mort et deux blessés. Nous continuons notre petit-déjeuner dans le char. Soudain, tout s'active, le chef de peloton se met en route et nous le suivons en rangeant vite fait nos affaires dans le char. Nous cheminons au travers des champs de blé. Nous n'avons pas fait 100 mètres que, face à nous, des chars russes T 34 se font voir. Ils nous attaquent dans une charge effrénée de toute la vitesse de leur puissant moteur diesel. Nous stoppons et commençons à tirer. Les premiers chars russes flambent sous nos tirs. Les autres continuent, ne se souciant de rien d'autre que de foncer droit devant eux ! L'un d'eux arrive sur notre char mais nous pouvons l'éviter grâce à la manœuvre de notre chauffeur. Il reçoit un tir direct d'un autre de nos blindés et le bruit de l'explosion est fracassant. Une épave brûlante et fumante de plus. Deux autres chars russes foncent eux aussi avec l'idée de nous percuter. J'élimine celui de droite avec deux obus mais celui de gauche continue sa route. Il est stoppé net par l'un des chars de notre peloton. Petit à petit et les uns après les autres, tous les chars russes sont détruits et ne laissent que des épaves sur le champ de bataille. Je détruis encore un troisième char ce jour-là. Alors qu'il fait demi-tour devant nous pour se sauver, je l'atteins dans le compartiment moteur et il s'enflamme aussitôt en stoppant. Tous les blindés ayant été détruits, ce sont les fantassins russes qui attaquent maintenant. C'est complètement absurde et nous n'avions encore jamais vu cela. Côte à côte, ils déboulent en vagues successives, la baïonnette au canon sans soutien désormais. Nos canons et nos mitrailleuses les hachent menus. Une mitrailleuse lourde a été écrasée par nos chenilles et les restes de l'équipe de tir gisent au sol avec des rictus sanguinolents. Vague après vague, ils sont éliminés sans problème. Tout de même, certains arrivent jusqu'à quelques mètres de nos fantassins mais les tirs bien ajustés les empêchent d'aller plus loin. Soudain, de nouveaux et durs tirs d'antichars russes. Les obus viennent cogner sur les côtés de notre engin. Trois coups sur coups frappent le flanc de notre Panzer III sans pour autant percer. Ce sont, fort heureusement, des antichars de 47 mm que nous réduisons avec notre 5 cm long. Malgré tout, nos sacs et des affaires volent dans le char à l'impact de chaque obus. Puis le moteur s'arrête.

Plusieurs de nos chars sont touchés et l'attaque s'enlise. Nous sommes remorqués par un autre de nos panzers jusqu'à nos positions. Le ventilateur du moteur a été cassé lors d'un des tirs russes. Notre atelier de réparation sur le terrain ne parvient pas à le réparer car il faut sortir le moteur et nous devons être conduits à l'atelier de la *Kompanie* pour y changer celui-ci. Après avoir conduit le char à l'atelier, je regagne rapidement notre *Kompanie* où tout est redevenu calme. On parle de nous remplacer et de nous envoyer au repos. Après une nuit calme, nous remontons malgré tout au front car une attaque de chars russes est attendue. Derrière une colline, nous entendons nettement les bruits de moteurs de chenilles d'une troupe blindée en mouvement. Un avion de reconnaissance Henschel de la Luftwaffe survole la concentration ennemie et envoie les coordonnées de sa position. Mais ils ne se manifestent pas.

Au soir, nous nous replions 25 kilomètres en arrière. Le lendemain, après une nuit calme, nous nettoyons les armes et répondons à l'appel du matin. Alors que nous sommes en train de nettoyer les armes de bord, nous sommes à trois appelés auprès du Kommandeur. Celui-ci nous remet l'*EK II* en nous offrant une poignée de main très explicite. Revenu à notre position, nous avons le temps de remonter les armes de bord pour partir à nouveau au combat. Ce soir, nous roulons vers un nouvel objectif qui ne nous est pas encore connu, seul notre chef le connaît.

Sur le Mius

Après quelques jours de bivouac, de la gare de M. nous roulons à nouveau au soir vers la ville de Charkow en convoi ferré. Nous connaissions déjà cet endroit depuis le début de l'année et de ces premiers combats dans cette grande ville. Nous y sommes à nouveau déchargés. Nous devons être sur le Mius dans le Sud de la Russie. Nous devons à cette époque de début 1943 écraser les Russes qui avaient établi une tête de pont sur la rive du fleuve. Le voyage en wagon est superbe car le temps est très beau. Les fruits délicieux et en quantité suffisante. Seules les nouvelles du front ne sont pas trop bonnes. Nous avons déchargé nos chars dans la région de Stalino. Là, de bons locaux nous attendent, bien propres et des nouveaux mots de passe. Nous allons obtenir de nouveaux chars. Nous allons échanger nos Panzer III contre des Panzer IV à canon long de 75 mm. Nous regrettions nos anciens et braves Panzer III dans lesquels nous avions déjà vécu tant de choses. Mais c'était comme cela. Aussi un soir, nous sommes montés dans des camions après avoir laissé nos Panzer III sous bonne garde. Dans une petite forêt, nous attendaient des Panzer IV qui nous étaient destinés. C'étaient d'anciens Panzer IV ayant déjà servi et qui venaient de la *LSSAH*.

Le lendemain matin, nous roulons déjà vers notre point de départ pour une nouvelle attaque. Notre sentiment est mitigé car nous l'avons atteint avec seulement trois blindés. Les autres étant tombés en panne sur le chemin et même, pour l'un d'entre eux, ayant pris feu ! Les autres compagnies sont déjà sur place et bien dissimulées dans des taillis car nous devons attaquer le lendemain.

Dans la nuit, cinq de nos blindés arrivent enfin à notre compagnie après leurs déboires. Nous avons été positionnés sur une hauteur et cela ne nous plait pas trop. Une étrange quantité de munitions et d'armes avait été amenée pour cette nouvelle attaque. Notre impression n'est pas trop bonne car, avec cela, on ne pourrait guère aller loin. Pour cette attaque, dix heures passent avant que d'attaquer la tête de pont soviétique et la détruire. Après, nous devons être relevés et repartir pour l'Allemagne. Mais cela ne sont que des paroles et nous restons dubitatifs. Enfin, nous espérons tout de même.

L'attaque

Le soleil rayonnant de rouge monte dans le ciel et un grand silence régne sur le front. Les fantassins arrivent et grimpent sur nos chars. Avec eux nous devons attaquer à 9 h 00. Chez les Russes, quelques tirs d'artillerie sont à déclarer et tombent ça et là. Nous buvons encore notre café lorsque ceux-ci tombent sans faire de blessés. Puis c'est notre artillerie qui se déchaîne en faisant tellement de bruit que nous ne nous entendons plus. Nous nous sommes doucement préparés. Avec un peu de retard, l'attaque commence. Nous roulons en grimpant de petites collines et des taillis approchant des lignes russes. Quelques obus antichars russes se font entendre. Nous continuons tout de même doucement. Deux chars qui sont sur nos côtés s'arrêtent brusquement dans un grand nuage de poussière. Les équipages s'en extraient. Nous avons enfin vu la cause, une multitude de petites mines, enterrées et parfois même à même le sol, parsèment le terrain. Nos fantassins quittent nos chars et l'avance stoppe. Les pionniers sont rapidement appelés pour déminer le terrain. Les tirs des antichars et de l'artillerie russe s'enfle. Comme sur des charbons ardents, nous attendons fiévreusement dans nos chars que le terrain soit nettoyé. Les vrombissements des avions d'attaque au sol russe (Ill Stormovik 2) ne se font pas longtemps attendre. Ils nous mitraillent et nous arrosent de leurs bombes. Cela ne pouvait aller mieux. Le jour commence à décliner. Les blindés tanguent sous les souffles des bombes qui pleuvent en grand nombre. Déjà plusieurs chars, atteints, flambent. L'infanterie aussi subit des pertes. Cette attaque n'est pas née sous un bon jour semble t'il. Les Russes ont vu que nous sommes bloqués dans ce champ de mines et en profitent pour nous attaquer. Enfin, les pionniers sont à l'œuvre et, quelque temps plus tard, nous pouvons de nouveau avancer. Par ci par là, quelques mines sont encore là mais on les devine à leur petit tas de terre car elles ont été hâtivement enterrées. L'infanterie avance elle aussi lentement car l'artillerie russe les plaque au sol. Nous avons zigzagué pour éviter ces mines tout en épaulant notre infanterie qui de nouveau avance. Les premières tranchées et nids de MG sont atteints et conquis. Mais ils sont fortement constitués et nous laissent les écraser et se laissent dépasser pour mieux nous attaquer par-derrière. De nouveau, l'attaque s'arrête pour revenir les nettoyer. Lentement, le crépuscule descend. En plein milieu des positions russes, nous avons énormément à faire. Les Russes, qui nous ont laissés passer, maintenant nous combattent avec des grenades au phosphore, des cocktails Molotov et tout autre moyen de combat individuel. Il faut s'occuper d'eux, un par un, et les éliminer. Quelques blindés partent en flammes et les équipages se sont extraits pour combattre au corps à corps les Russes qui les entourent. Notre chef avait été appelé par le Kommandeur et n'est toujours pas revenu, nous laissant un peu désorientés. La nuit arrive et diminue l'observation. C'est assez inconfortable. Sur notre droite, deux chars flambent. Des ombres avec de longs manteaux entourent les deux épaves qui nous les font distinguer dans les lueurs des flammes. Quelques rafales de mitrailleuses les dispersent dans la pénombre. Une triste nouvelle nous arrive en apprenant la mort de notre chef de *Kompanie*. Alors qu'il revenait vers nous, son char est touché et flambe de suite. C'est l'un des deux chars qui flambent sur notre droite.

Comme notre infanterie a du mal à suivre et à avancer, suite aux incessants combats au corps à corps, et que nous sommes harcelés par des combattants isolés de plus en plus virulents, notre nouveau chef de compagnie donne l'ordre de se reculer. De ce fait, nous devons une nouvelle fois traverser le champ de mines dont certaines étaient encore bien là. La pénombre ne nous aide pas et nous suivons nos traces. Nous sommes le troisième char de la colonne. Le temps passe et les gerbes de balles traçantes russes nous escortent, tintant sur notre blindage de temps en temps. Notre moteur donne ce qu'il a dans le ventre lorsque, soudain, une explosion se fait entendre, notre char est chahuté et s'arrête. Les bruits de ferraille se font entendre. Notre chauffeur peste et nous avons une mauvaise appréhension. Naturellement, nous étions passés sur une mine. La chenille est cassée et un élément de suspension est gravement endommagé. De plus, nous sommes plantés en plein nomansland. Situation merveilleuse ! Nous sortons et enlevons complètement la chenille atteinte, puis elle est entreposée sur l'arrière du panzer. Ensuite, un de nos chars nous tire jusqu'à nos lignes. En rentrant, nous voyons le chauffeur du blindé de notre chef de *Kompanie*, le visage et le bras brûlé, la peau tombant en paquet. Avec un autre blindé, je regagne de nuit notre atelier de réparation pour ramener le lendemain matin les mécaniciens afin de réparer notre blindé. Nous changeons la chenille sous un déluge d'artillerie avec des shrapnels sifflant dans tous les sens. Puis nous démontons l'élément de suspension abîmé pour le ramener à l'atelier de réparation.

La dernière attaque sur le Mius

La résistance ennemie avait été brisée et leur barrage soigneusement éliminé, leurs forces rejetées plus en arrière. Les îlots de résistance existants encore seront éliminés aujourd'hui. Nous avons essuyé de forts tirs de l'artillerie russe qui nous avait repérés. Peu de temps après, les Russes évacuent leurs positions sur les hauteurs pour repasser de l'autre côté du fleuve. En début d'après-midi, après avoir nettoyé le terrain, nous avons pris le chemin vers une petite forêt en arrière où nous pourrions nous abriter. Là, nous passons encore quelques jours car, ce qui était prévu en une dizaine d'heures de combats a, en fait, duré quatre longs jours au cours desquels les pertes sont importantes et surtout au régiment de blindés, de nombreux chars avaient été détruits. En contrepartie, les Russes aussi avaient subi d'énormes pertes.

Dans les vallées lourdement bombardées par notre aviation se trouvent les cadavres de centaines de Russes, surtout des Asiates qui, avec la chaleur, exhalent déjà une odeur pestilentielle de putréfaction. Outre les soldats, s'y trouvent aussi les cadavres de chevaux, des masques à gaz et plein de parties d'uniformes étalés avec tous ces cadavres. La nuit, les odeurs refluent vers nos campements, venant nous réveiller.

Enfin, après trois jours, nous sommes relevés, tout en ayant encore une fois repoussé une attaque russe soutenue par de nombreux chars.

Vers minuit, nous partons enfin de ce lieu. Nous avons rejoint le village où nous avions laissé nos braves Panzer III qui nous attendaient, mais pour apprendre qu'en fait d'un voyage vers le pays c'est un retour vers Charkow qui nous est présenté car les Russes tentent une fois de plus de reprendre la ville. Que pouvons-nous faire ou dire ! Nous avons repris nos braves Panzer III et laissé ces Panzer IV qui nous avaient plutôt porté la poisse. Nous les laissons sans regrets. Les jours suivants, les **6 et 7 août 1943**, nous roulons vers la gare pour y être chargés sur des convois. Direction Charkow. Arrivés à destination, la ville ne ressemble plus à ce que nous avions connu la dernière fois. Des trains remplis de réfugiés quittent les quais vers l'ouest. L'artillerie tonne violemment et les Stukas volent, nombreux, au-dessus de la ville pour larguer leurs bombes non loin d'ici. Les ponts de la ville sont préparés pour éventuellement sauter. Nous rejoignons nos anciens quartiers où nous avions fait notre formation de tankistes. La joie du brave fermier qui nous avait hébergés fait plaisir à voir. Les larmes lui viennent en demandant des nouvelles de ceux qui étaient tombés. Après quelques heures, le plein de carburant, de munitions, etc. est fait et nos équipages prêts au combat. Nous devons l'être car les Russes essaient de nous encercler. Huit kilomètres sont encore ouverts, ce qui veut dire que, durant la nuit, nous devons sortir de là. Le soir, nous partons sur des routes saturées de monde, soldats comme réfugiés quittant ce futur champ de bataille. Jusqu'à minuit, tout se passe pourtant bien. Le lendemain, les pelotons sont attribués à d'autres unités et le nôtre a pour tâche de soutenir l'unité de reconnaissance de notre *SS-Totenkopf-Division* qui fait face à l'assaut des troupes russes dans de violents combats. Nous nous mettons en route sans tarder et surtout avant que la pénombre ne tombe, pour rejoindre notre nouvelle position aux côtés de la *SS-AA 3*. Nous faisons une halte peu avant d'arriver car notre chef de peloton est parti en éclaireur avec son blindé pour trouver le PC du groupe de reconnaissance. Il revient enfin au soir avec la nouvelle que d'importantes forces blindées soutenant des fantassins sont sur le point d'attaquer. Nous devons nous apprêter à bientôt combattre. Sur ce secteur, le front est particulier. Aux abords d'un village se trouve, au milieu d'une forêt, un kolkhoze qui en fait comprend deux gros bâtiments qui ne sont séparés que par un étroit chemin forestier. Dans l'un des deux bâtiments se trouve le PC du groupe de reconnaissance. Dans l'autre, apparemment un état-major russe. Ainsi les deux protagonistes se tiennent non loin l'un de l'autre dans cette forêt. Le village, quant à lui, est en possession des Russes la nuit et de nous le jour ! Lorsque nos fantassins entrent au petit matin dans le village, les Russes se retirent. Lorsque nous sommes entrés avec nos blindés, dans le petit chemin passant entre les deux bâtiments, nous avons tiré (mitrailleuses et canons) contre le kolkhoze tenu par les Russes, mettant en flammes le bâtiment et en continuant notre chemin.

Un jour, les Russes laissent, derrière une baraque, un char T 34 que nous dépassons, le croyant abandonné et, lorsque notre colonne est entièrement passée, il ouvre le feu par trois ou quatre fois sur le dernier de nos chars. Depuis ce jour, nous nous montrons prudents avec les épaves laissées par les Russes. Ça et là, nous soutenons de petites contre-attaques où, malheureusement, notre chef de compagnie trouve la mort par accident. Alors que nous étions attaqués par un char russe, tout le peloton tira dessus pour le détruire mais, malheureusement, l'un de ces obus toucha le char de notre chef de compagnie qui a été tué en même temps que deux autres membres du char de l'équipage. Le même soir, les Russes attaquent avec une importante masse de blindés qui nous force à reculer jusqu'à ce que nous rencontrions une unité de Sturmgeschütz qui nous permet de les arrêter.

Mais bientôt, les Russes renouvellent leur attaque en la démultipliant par de petites attaques. Nous n'avons aucune minute de répit et sommes sur tous les fronts à la fois, là où ça brûle. On nous demande là et puis après ailleurs, répondant toujours présents. Notre groupe blindé est le joyau du groupe de reconnaissance. On en appelle toujours à nous et les demandes sont multiples. Les Russes ne sont pas trop dangereux pour nous car ils ne nous opposent que peu de chars lourds. Avec les incessantes attaques soviétiques, le front change perpétuellement. Nous faisons des allers et venues en avant, sur la droite, sur la gauche, ce qui fait qu'un jour nous sommes incorporés à une compagnie de fantassins. Notre groupe blindé est réduit à ce moment-là à 6 blindés. Notre moral est tout de même bon car, malgré le fait que nous soyons encerclés avec les fantassins, nous savons que d'autres unités de notre division sont en marche vers nous. Le lendemain, nous sommes camouflés dans un champ de blé lorsqu'apparaissent au loin des chars qui, selon nous, ne peuvent être que les nôtres venant à notre secours. Comme ils sont encore très loin, même avec les jumelles on ne peut distinctement les voir. Tranquillement, ils approchent en serpentant jusqu'au moment où nos chasseurs de chars tirent en en enflammant trois et mettant en fuite le restant. Nous restons pantois en nous apercevant de notre erreur, étant persuadés que c'étaient des chars allemands. Remis de notre effroi, nous ouvrons également le feu sur ceux qui se débandent encore. Mais les assauts russes continuent car ils veulent encore plus nous étreindre dans ce chaudron qui maintenant ne fait plus que 600 à 700 mètres de diamètre. Les Russes ont amené de nombreux blindés et canons antichars. Une nouvelle attaque se prépare. De fait, nous avons disposé deux blindés à la sortie du village et nous avons fait flamber les maisons à cette sortie. Notre infanterie s'est disposée un peu partout dans et autour du village. Des rafales de mitrailleuses, des coups de fusils se font entendre dans la nuit. Malgré tout, l'attaque ne vient pas. Au matin suivant, nous faisons une reconnaissance avec trois blindés. Direction la gare, qui était normalement sous notre contrôle. Nous tombons sur deux blindés russes. Un cheminot amène tout de même un train en sifflant pour appeler les hommes encore vivants à monter. Peu avant d'arriver à la gare, nous recevons des tirs d'armes légères et de fusil antichars provenant d'un champ de maïs. Nous stoppons et prenons sous notre feu ces ennemis invisibles. Puis nous fonçons dans le champ de maïs à la recherche de ces importuns que nous chassons de leur trou et contraignons à reculer lorsqu'ils ne sont pas morts.

Après être restés encore un moment dans le champ de maïs à chasser quelques Russes récalcitrants, nous percevons la possibilité d'une sortie car, en fait, le chaudron n'est pas très bien serré. Nous avons la possibilité, en passant par un chemin longeant une forêt sur 500 à 600 mètres, de passer outre. Aux lisières de la forêt, il y a des canons de Pak et des fusils antichars mais cela nous le savions. Aussi, les uns derrière les autres, nous partons avec les canons dirigés vers cette forêt à toute vitesse. Puis nous ouvrons le feu vers les positions antichars russes sur les lisières de la forêt. Je détruis trois canons moi-même. Un autre ouvre encore le feu. Les autres équipages de ces canons ayant choisi de s'enfuir, un seul de nos blindés reçoit un coup au but dans le moteur et s'arrête. Il est aussitôt pris en remorque et atteint le PC du groupe de reconnaissance. L'infanterie, qui était restée dans le village, nous rejoint le lendemain, ramenant même encore des prisonniers.

Les jours suivants, plusieurs petites attaques se développent, ne nous causant aucune perte. Quelque temps plus tard, notre groupe de combat est dissous et nous rejoignons notre compagnie où nous passons quelques jours de repos avant de reprendre les combats. Enfin, les nouveaux ordres de bataille arrivent. Nous préparons, comme d'habitude, nos blindés et partons lorsque le soleil descend vers nos objectifs de départ. Nous atteignons l'un de ceux-ci, qui est une forêt de pinèdes et nous met à l'abri de la vue et d'attaques aériennes. Depuis cet endroit, nous devons demain commencer notre attaque. Le lendemain matin, nous sommes réveillés par le jour qui se lève mais aussi par des cris de « Hourré » poussés par une horde qui nous attaque. Un petit groupe de bolcheviques a essayé de nous attaquer et est rapidement anéanti. Vers midi, nous commençons notre mouvement sans rencontrer d'opposition. Arrivés à un kolkhoze, nous nous y arrêtons pour passer la nuit. L'infanterie avec un groupe de blindés, attaque au matin mais rencontre, là par contre, une défense assez forte et ne peut progresser plus loin. Nous faisons un léger repli puis nous les encerclons en prenant une autre direction. Au crépuscule tombant, nous sommes à l'attaque par un champ fraîchement coupé dont les meules parsèment le terrain. Nous passons par de petites collines qui nous masquent aux Russes. A partir d'un des sommets, nous nous arrêtons et tirons sur les lignes supposées tenues par les Russes. Aucune réaction ? Le soleil est parti et un léger brouillard monte du sol, notamment dans une petite dépression où doivent se trouver les Russes. Soudain, un feu d'enfer nous atteint, là où les champs semblaient paisibles, des meules de foin se mettent à bouger. L'artillerie russe, indétectable car loin en arrière, nous arrose de ses obus. Nous nous ne laissons pas faire et répondons par un tir nourri. Un duel s'établit qui dure jusque très tard dans la soirée. La nuit tombée, nous nous installons dans un champ et nous camouflons nos blindés et attendons les ordres pour le lendemain. Maintenant, c'est beaucoup plus calme.

Les nouveaux ordres arrivent vite. Nous préparons notre char et nous roulons en fin d'après-midi vers nos positions de départ pour la nouvelle attaque et que nous atteignons alors que le soleil décline. Alors que la pénombre commence à tomber, nous nous camouflons dans une forêt de pins.

De là, nous commencerons notre nouvelle offensive les jours suivants. Nous sommes à peine réveillés que des tirs d'armes légères rasantes et des « hourras » nous font accélérer notre préparation. Un groupe de Russes tente de disloquer notre formation. Ils sont rapidement réduits à néant.

Vers midi, notre attaque débute sans que nous ne rencontrions d'opposition. Nous stoppons notre route dans un kolkhoze afin d'y passer la nuit. Un groupe de fantassins, épaulés par des chars, reprennent l'attaque le lendemain matin mais ils rencontrent une sérieuse opposition et ne peuvent continuer. Un léger repli permettra de prendre une autre direction pour contourner les Russes. A la nuit tombante, nous passons à l'offensive en passant par un champ là aussi fraîchement coupé et dont les gerbes étaient assemblées en meules. Nous approchons des lignes russes sans être vus grâce à des dénivellations du terrain dont nous profitons. Nous nous arrêtons sur une petite hauteur et, de là, arrosons les lignes russes. Il ne pleut pas, le soleil a disparu mais un léger brouillard monte du sol, noyant la petite vallée où nous supposons les Russes. Soudain, un contre-feu s'abat sur nous. Des éclairs jaillissent de toutes parts et les meules aperçues auparavant se mettent à bouger. L'artillerie lourde russe, jusqu'alors muette, se met à nous envoyer des obus depuis une bonne distance à l'abri de nos tirs. Nous leur répondons aussitôt. Le duel dure jusque tard dans la nuit. Dans la nuit, nous atteignons un champ de tournesols où nous nous camouflons en attendant la suite de l'échange de tirs et savoir ce qui allait suivre. Le jour suivant est calme. Nous avons contacté notre artillerie en donnant les coordonnées de position d'un char russe T 34 qui se trouvait hors de portée de nos canons de 5 cm. Essayer de le tirer ne ferait que d'utiliser des munitions pour rien. Nous le laissons tranquille et il sert de cible à notre artillerie. Le jour se passe ainsi calmement et, au soir, nous avons changé de position. Arrivé sur ce nouvel emplacement, nous creusons nos trous en dessous de nos chars. Plusieurs journées passent sans trop de problèmes, le jour nous écrasant de son soleil de plomb mais, la nuit, recroquevillés dans nos trous, nous supportons l'artillerie russe qui se réveille. Des chasseurs russes nous survolent, lâchant quelques fumigènes pour marquer nos positions puis quelques bombes aux alentours. Ces jours passent aussi ainsi et, petit à petit, les jours d'automne commencent et nous conduisent derrière le Dnjepr. Pour nous viennent aussi les ordres de recul pour nous mettre en position de réserve, nous obligeant à passer de nombreux champs de mines, heureusement bien délimités par nos pionniers mais tout de même stressants. Arrivés sur ces nouvelles positions le midi suivant, la danse mortelle recommence. Des masses de T34 nous attaquent sans être perturbés par les champs de mines. Ils allaient atteindre nos propres lignes lorsque nous les attaquons. Très rapidement, trois chars russes flambent. Mais ce n'est pas notre compagnie qui est attaquée et nous observons le duel de chars de nos positions. Nous passons la journée à observer les combats tranquillement tout en renforçant nos positions. La nuit est tranquille pour nous, bien camouflés dans un champ de blé. Au petit matin, nous avons changé de position, à nouveau, tout en nous préparant à une nouvelle attaque de chars russes. Toute la journée, un char russe tire un peu au hasard, ne nous ayant pas aperçus. Malheureusement, notre commandant est blessé, alors qu'il était à sa tourelle, par un éclat d'obus tombé non loin de nous. Il faut le transporter vers l'hôpital de campagne et, n'ayant aucun chef de char disponible, nous restons ainsi sans commandant toute la journée et pour d'éventuels combats. Effectivement, les chars russes attaquent rapidement dès la tombée de la nuit en hurlant « Hourra » ! Nous nous portons à leur rencontre (sans notre chef de char), escortés par notre infanterie qui attaque également par groupes. Nous parcourons un bout de terrain avec notre compagnie et, complètement abasourdis, nous voyons l'infanterie russe se réunir derrière nos propres chars, c'est alors que nous faisons volte-face et nous les arrosons avec nos canons et mitrailleuses. Nous repoussons l'attaque russe qui ne nous avait pas distingués dans l'obscurité. L'un des blindés de notre compagnie s'enfonce dans les troupes russes car l'un de nos canons de Pak y avait été submergé mais les membres de l'équipe de tir se défendent bec et ongles. Ils peuvent ainsi monter sur le char et revenir dans nos lignes avec leurs blessés. Ce blindé sera un peu après lui-même touché par l'obus d'un canon antichar russe (Ratschboum), mais l'équipage pourra s'en extraire et rejoindre lui aussi nos lignes sans perte.

Jusqu'au petit matin, les Russes réitèrent leurs attaques sans jamais parvenir à bousculer nos lignes. Avec l'apparition du soleil, nous changeons de position et, à notre tour, nous attaquons. Le barrage des canons antichars et des chars russes est tel que notre avance s'enlise. Nous faisons appel aux Stukas pour nettoyer le terrain. Plusieurs bombes tomberont près de nous car nous sommes avancés en pointe dans les positions russes. Les Soviets rigolent de nous voir arrosés par nos propres avions. Après nous être amplement signalés avec des fusées blanches, les pilotes s'aperçoivent de leur erreur et larguent le reste de leurs bombes sur les Russes.

Un peu avant une deuxième attaque, un nouveau commandant pour notre char se présente. Il avait lui-même perdu son char lors de la première attaque, touché par un canon antichar. Je précise que ce sera notre dernière attaque pour ce jour avec ce nouveau commandant. Nous recevons également le renfort de trois à quatre fantassins par char afin de combattre les Russes qui auraient voulu nous mettre hors d'état de combattre avec des armes antichars portables ou des cocktails molotov.

Nous nous dirigeons lentement avec notre couverture de fantassins vers un champ de maïs. Cela se présente difficilement. En approchant, nous pouvons discerner les Russes dans leurs trous qui nous guettaient. Venant de notre gauche, des tirs de fusil antichars ricochent sur notre blindage. Dans les champs de maïs, un combat est difficile, aussi le commandant décide de rouler sur le nid de fusils antichars. Nous avons accéléré pour les écraser et notre escorte de fantassins se jette à terre pour les éliminer. Devant nous, une grosse motte de terre se dresse derrière laquelle deux Russes se tenaient avec leur fusil antichar. Nous sommes déjà passés dessus lorsque deux coups sourds retentissent dans le char. Aussitôt, une épaisse fumée jaune envahit notre panzer. Quelqu'un se roule à mes pieds, je pense au chauffeur de notre char. Je ne peux rien voir. Le char continue d'avancer. Je veux ouvrir ma trappe pour essayer de voir ce qui se passait dehors. Le commandant a, malgré la dangerosité, lui aussi sorti la tête hors du char empli de fumée jaunâtre et piquante afin de pouvoir guider le chauffeur dans une marche arrière afin de nous éloigner de la ligne de front et d'évaluer les dégâts. Il donne ainsi les ordres au chauffeur. Seul le radio reste calme, et, pour cause, il avait, très vite enfilé son masque à gaz. Le pointeur, de son côté, avait ouvert un peu sa trappe afin de faire entrer un peu d'air frais. Ainsi nous pouvons pu reculer jusqu'à pouvoir nous arrêter et sortir de notre engin afin d'évaluer les dégâts. Lorsque nous sommes sortis, les fantassins qui se trouvaient là nous regardent avec de grands yeux, nous croyant sortis de l'enfer. D'après ce qu'ils nous disent, aucun ne pensa que allions sortir vivant de notre panzer. Une intense et lumineuse flamme avait entouré notre char. Nous pouvons enfin voir qu'en fait un fantassin ou

Le *Hauptsturmführer* Richter fumant sa pipe et portant le *Ritterkreuz* au cou. Lors des combats pour Charkow il commandait la *5. Kompanie* du *SS-Panzer-Regiment 3.*

Ci-contre : autre photo du *Hauptsturmführer* Richter ayant son *Ritterkreuz* au cou. Lors de *Zitadelle,* il commandera la *schwere Panzer-Kompanie* (Tiger) du *SS-Pz.-Rgt. 3.*

Ci-dessus : le *Hauptsturmführer* Richter avec un large sourire, peut-être après avoir reçu le *Ritterkreuz* ?

deux Russes avaient envoyé sur l'arrière du char, près des filtres à air, des bouteilles remplies de phosphore qui n'avaient, fort heureusement, pas mis le feu au moteur. Par contre, le gaz phosphoré avait envahi le compartiment avant du char où nous nous trouvions et nous avait quelque peu intoxiqué. Après avoir largement aéré le char, nous y remontons et rejoignons la compagnie en avant. Celle-ci ayant fort avancé, nous roulons jusqu'à une petite colline en haut de laquelle nous nous trouvons face à un canon antichar russe de 47 mm. Nous n'avons plus d'obus explosif pour le combattre. Aussi, nous lui envoyons deux obus antichars qui détruisent le bouclier pour l'un et l'instrument de visée pour l'autre, le mettant ainsi hors d'état de nuire. Nous obliquons ensuite à droite et, de nouveau, nous nous retrouvons face à un autre canon de 47 mm qui nous attendait, lui aussi, et nous envoie comme signe de bienvenue, un obus dans la tourelle. Nous répliquons avec nos obus antichars sans faire de dégât, je pense. Après avoir reçu trois obus dans la tourelle, un autre éclair jaillit, mais cette fois d'un char russe qui, lui, nous détruit le canon. Il est temps pour nous de nous éloigner de ce nid de vipères. En mettant la tourelle à 10 heures, pour que l'ennemi ne s'aperçoive pas que notre canon est endommagé, nous reculons jusqu'à ne plus être à leur portée de tir. Puis nous rejoignons un village où se trouvait un atelier de réparation. Le lendemain, sous les tirs de l'artillerie russe, nous devons déménager et nous replier un peu plus en arrière, afin de continuer la réparation. Nous y restons quelques semaines car les pièces détachées nécessaires, notamment un canon tout neuf, ne sont pas disponibles immédiatement. Aussi nous ne participons pas aux autres combats. »

Deux membres de l'équipage du Tigre de la *schwere Panzer-Kompanie* de Georg Schäfer se reposent en buvant quelques verres.

Un char lourd Tiger revêtu d'une livrée blanche pour le fondre dans l'immense espace blanc de la Russie. Il appartient à la *schwere Panzer-Kompanie* de la *3. SS-Panzer-Division « Totenkopf »*.

Un Tiger de la compagnie lourde est remorqué, on aperçoit le câble servant à le tracter. Certainement suite à une panne moteur et pour le ramener aussi vite que possible à l'atelier de réparation pour le remettre en état. Les chars de remplacement n'arrivant qu'avec parcimonie.

Un char lourd Tiger tout neuf sur son wagon et prêt à rejoindre la *3. SS-Panzer-Division « Totenkopf »*.

Superbe vue de ce Tiger de la *9. Kompanie* (compagnie lourde) de la *Panzer-Division «Totenkopf»*. L'équipage pose fièrement sur son Tiger qui est une arme redoutable grâce au canon de 88 mm qui l'équipe.

L'équipage de la photo précédente pose maintenant sur l'imposant canon. On notera que le blindé doit être neuf et qu'il ne porte pas la « Zimmerit ».

Trois *Unterscharführer* de l'équipage se sont assis maintenant sur le blindage frontal de l'engin qui impose le respect et suscite la crainte auprès des Russes.

Un autre Tiger de l'unité mais cette fois revêtu de la Zimmerit (pâte antimagnétique). L'accordéon suit l'homme, même dans le char.

Photo très nette et superbe du char 914 de la kompanie lourde du *SS-Panzer-Regiment 3* de la *« Totenkopf »*.

Ci-dessus : les membres de l'équipage de ce Tiger préparent les poulets du prochain repas. Ceci est un luxe peu courant. On aperçoit les trois barres propres à l'opération « *Zitadelle* ».

Ci-dessous : deux Tiger de la *schwere Kompanie* du régiment de panzers de la « *Totenkopf* » dont le premier porte le numéro 922. Il porte aussi les trois barres de la division sur le blindage à gauche.

Ci-dessus : le Tiger 922, déjà vu sur la photo précédente, cette fois avec l'équipage devant leur engin.

Ci-contre : le Tiger 911 de la *s. Panzer-Kompanie* dans une forêt à l'abri de l'aviation soviétique. Il est revêtu de feuillage.

Au centre : intéressante photo montrant toute la différence entre un Panzer VI Tiger et un Panzer III. L'un et l'autre appartiennent à la *3. SS-Panzer-Division « Totenkopf »*.

Ci-dessus : voici ce qu'apercevaient dans leurs tranchées les soldats soviétiques lorsqu'apparaissait un Tiger !

Ci-contre : l'atelier de réparation de la compagnie lourde avec un Tiger étant remis en état.

Ci-dessus : le Tiger de Georg Schäfer. Il se trouve en dessous de la flèche le désignant, et les membres de l'équipage lors de « *Zitadelle* ». On aperçoit les trois barres sur le blindé de l'engin.

Ci-contre : le *SS-Schütze* Georg Schäfer. Notez qu'il porte déjà la médaille des blessés noire.

A droite : toujours *Schütze* mais avec le ruban de l'EK II, en plus de la médaille des blessés.

Rare photo colorisée d'époque et montrant Georg Schäfer portant le ruban d'EK II, la médaille des blessés et le *Panzerkampfabzeichen*.

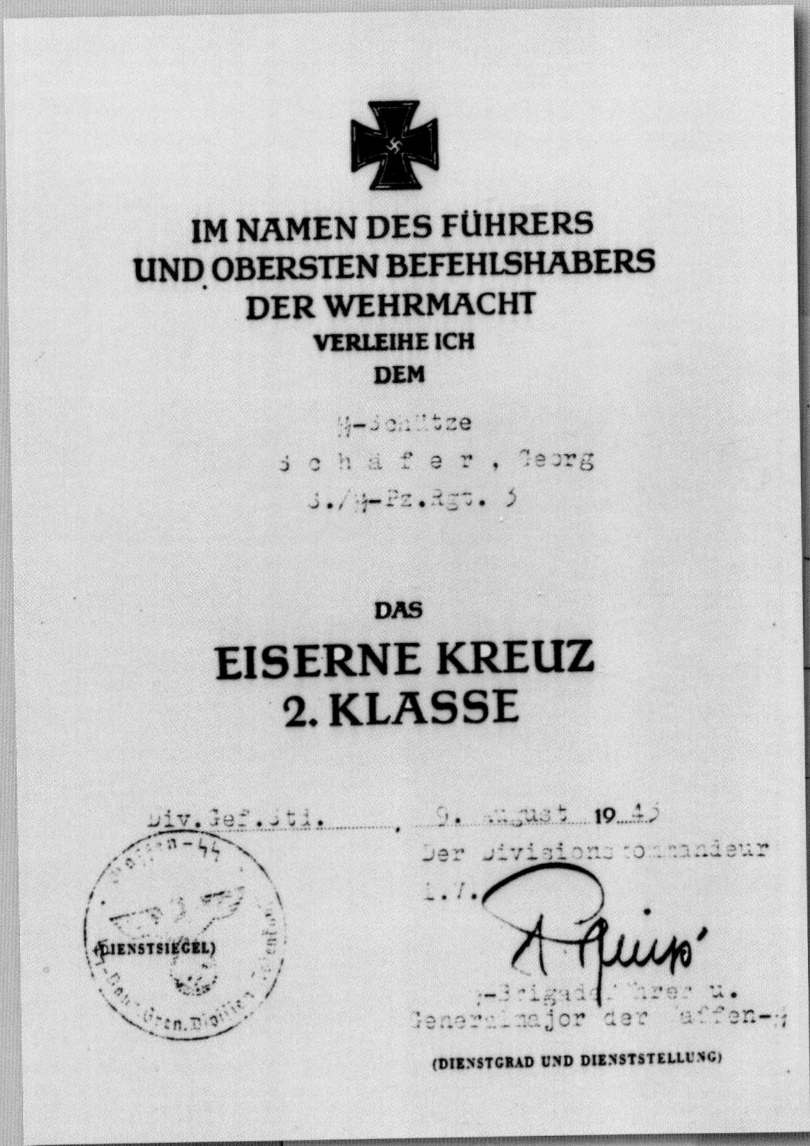

IM NAMEN DES FÜHRERS
UND OBERSTEN BEFEHLSHABERS
DER WEHRMACHT
VERLEIHE ICH
DEM

ﾍ-Schütze
S c h ä f e r , Georg
5./ﾍ-Pz.Rgt. 3

DAS

EISERNE KREUZ
2. KLASSE

Div.Gef.Stl., 9. August 1943
Der Divisionskommandeur
I.V.

(DIENSTSIEGEL)

ﾍ-Brigadeführer u.
Generalmajor der Waffen-ﾍ

(DIENSTGRAD UND DIENSTSTELLUNG)

Ci-contre : le diplôme d'EK II attribué à Georg Schäfer.

Ci-dessous : le diplôme de *Panzerkampfabzeichen* remis à Georg Schäfer. Notez qu'il n'est pas signé.

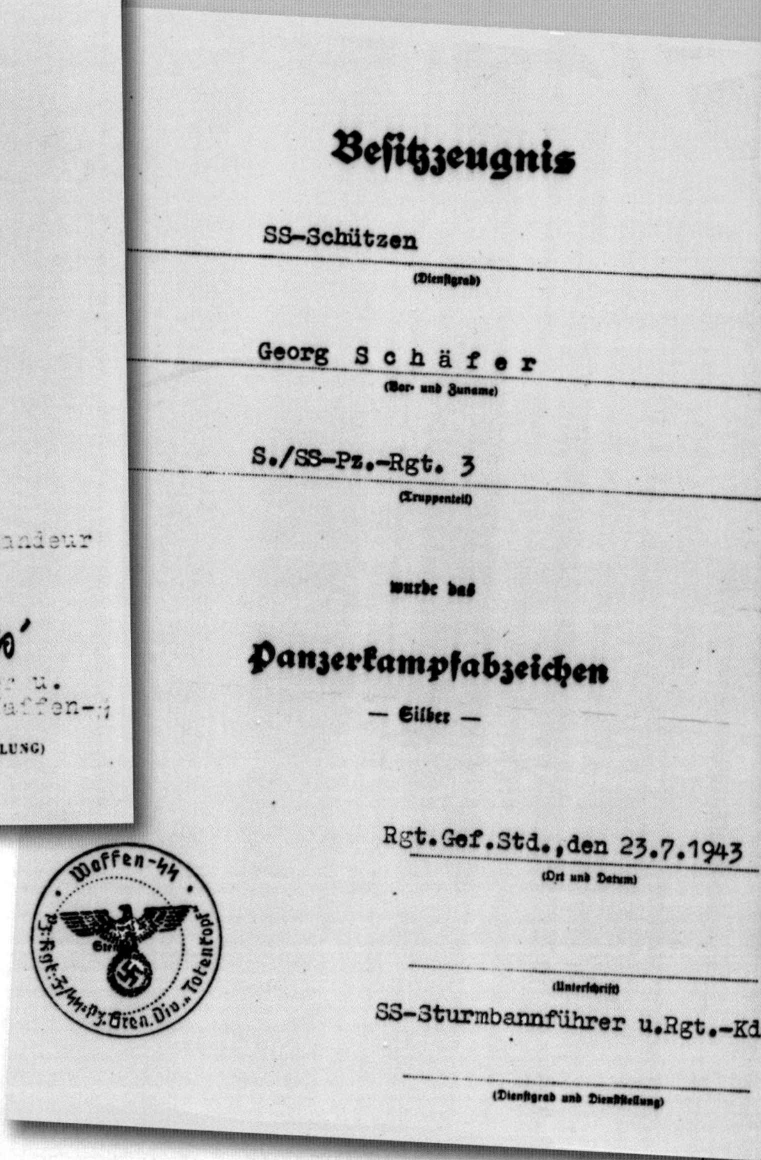

Besitzzeugnis

SS-Schützen
(Dienstgrad)

Georg S c h ä f e r
(Vor- und Zuname)

5./SS-Pz.-Rgt. 3
(Truppenteil)

wurde das

Panzerkampfabzeichen
— Silber —

Rgt.Gef.Std.,den 23.7.1943
(Ort und Datum)

Waffen-ﾍ
Pz.Rgt.3/ﾍ-Pz.Gren.Div. „Totenkopf"

(Unterschrift)

SS-Sturmbannführer u.Rgt.-Kd
(Dienstgrad und Dienststellung)

Autre photo de Georg Schäfer avec un de ses camarades ayant revêtu la combinaison camouflée.

Un membre de l'équipe de ce Tiger pose sous le long canon de 88 mm devant son fabuleux véhicule qui marquera les combats aussi bien à l'Est qu'à l'Ouest et sera la terreur des tankistes russes et alliés.

Ci-dessus : un char Tiger près du PC de la compagnie lourde du *SS-Panzer-Regiment 3 « Totenkopf »* que l'on peut voir sur la droite.

Ci-contre : magnifique photo d'un Tiger de l'unité lourde du *SS-Panzer-Regiment 3 « Totenkopf »*. Un Panzer III à l'arrière-plan donne la mesure de l'engin.

Ci-dessus : un superbe Tiger de l'unité lourde de la *SS- Panzer-Division « Totenkopf »*. Notez l'absence de Zimmerit et la pelle sur le glacis du char. Il s'agit du Tigre 911 de l'*Untersturmführer* Kössler.

Ci-contre : deux membres d'équipage d'un Tiger de la compagnie lourde du *SS-Panzer-Regiment 3 « Totenkopf »* après les combats de Budy. Le *Sturmmann* Molzschik porte le vêtement de sport avec les runes dans un cercle sur la poitrine. A sa droite, l'*Unterscharführer* Lachner.

Page suivante, en haut : un Tiger ayant déjà 6 victoires à son actif (voir les cercles sur le canon). On aperçoit le chiffre 9 des centaines du numéro du char et indiquant son appartenance à l'unité lourde du *SS-Panzer-Regiment 3 « Totenkopf »*.

Page suivante, en bas : un gros semi-chenillé de l'unité de réparation et d'entretien de l'unité devant l'un des Tiger de l'unité lourde, celui de l'*Unterscharführer* Lachner, qui est mis à l'abri des avions russes afin de le réparer suite à des problèmes mécaniques. Notez l'insigne avec le petit « S » pour *schwere* (lourd) sur le gros *Zugmaschine* (tracteur).

Un autre vétéran a confié également ses souvenirs. Il appartenait à la compagnie lourde du *SS-Panzer-Regiment 3 « Totenkopf »*, équipé de « Tiger ». Voici ce qu'il a écrit :

« Je m'appelle **Georg Schäfer**, je suis né le 9 novembre 1924 à Wildeck-Richelsdorf, dans une petite maison avec une étable pour quelques bêtes qui devaient servir à nourrir la famille, une vache et un cochon.

Mi septembre 1942, je reçois l'ordre de me rendre à Munich afin d'y être incorporé à la Waffen-SS presque pour mes 18 ans. Là, je commence ma carrière militaire en étant instruit au rôle de radio pour une affectation dans les panzers. Pour mes parents commence l'angoisse car, avec mon frère, leurs deux enfants sont au front. Après ma formation de radio tankiste, je suis également formé au rôle de chargeur. Puis c'est un voyage vers la France et plus particulièrement la ville d'Angoulême où se trouvait le Régiment de panzers de la Division « *Totenkopf* » alors en formation. Là, l'entraînement avec les blindés a lieu jour et nuit. Il faut aller vite car nous sommes très attendus en Russie où le front bouge. Pour moi, une nouvelle surprise m'attend, car, avec environ 60 autres camarades, nous sommes envoyés au Pays dans un camp d'entraînement pour blindés. Aucun de nous ne sait pourquoi nous avons été sélectionnés. A peine sur place, nous sommes instruits sur les tout nouveaux chars lourds « Tiger ». C'est le plus moderne de nos chars. Maintenant, c'est au rôle de pointeur que je suis instruit. Ce qui fait qu'en plus de connaître le rôle de radio, de chargeur, je dois aussi apprendre celui de pointeur. Là, ce sont des entraînements au tir avec le fameux canon de 88 mm qui équipe ce formidable blindé. Deux mitrailleuses l'équipent également. En décembre 1942, la compagnie lourde est formée et aussitôt chargée sur les wagons d'un convoi ferré. Direction la Russie. Comme la présence de ce nouveau char lourd doit rester encore secrète, nos engins sont recouverts de toiles pour les dissimuler. Nous sommes allongés dans des wagons à bestiaux, sur de la paille. Il fait déjà bien froid, mais cela n'est pas encore ce que nous allions plus tard connaître, puisque nous allons subir -50°C. Il y aura de nombreuses gelures.

Arrivés à Poltava, nos chars sont descendus de nos wagons et direction le front et notre baptême du feu. C'est un temps difficile pour moi car il fait très froid et nous n'avons pas de lit où nous pouvons dormir. Le seul endroit pour dormir est, pour longtemps, notre propre char ! Quelquefois, nous faisons tourner le moteur pour qu'il y ait un peu de chaleur dans l'habitacle. Mais faire tourner le moteur d'un char en Russie est dangereux car le bruit est énorme. Notre char est revêtu d'une peinture blanche l'hiver et l'été de couleurs marron brunes et vertes. Dès notre arrivée au front, de violents combats nous attendent. Les combats chars contre chars sont légions et je détruis plusieurs T 34. Soit nous sommes à l'attaque, soit nous sommes en défense. Nous avons prêté serment et il nous faut défendre l'Allemagne et notre chef. Nous sommes surnommés, nous les Waffen-SS, les pompiers du front Est et les unités du *Heer* qui sont à nos côtés sont heureuses de notre présence sur leurs ailes car elles savent qu'elles peuvent compter sur nous pour tenir la ligne de front. En hiver 42/43, je fais la connaissance des routes embourbées de Russie. Entre-temps, je suis devenu chef de char ! Je porte une combinaison camouflée et molletonnée car le froid est rude.

Nous devons tirer de sa position un véhicule plus léger que le nôtre mais qui était embourbé. Lors des manœuvres nécessaires à son extraction, je suis très surpris de tomber sur un ami de mon village. Si loin de chez nous, le hasard et la destinée nous a fait nous revoir. L'ambiance est très cordiale et nous avons échangé de la nourriture. Nous parlons très longtemps ensemble. Par la plus grande des chances, nous nous rencontrerons à nouveau en 1946, chez nous !

Pendant l'hiver 1942/43, le froid est intense en Russie et nous fait beaucoup souffrir. Les poux se mettent également de la partie et là c'est un autre combat tout aussi épuisant.

Nous allons également vivre une sale épreuve en **mars 1943**, près de Charkow, car nous sommes encerclés et, pendant quatre semaines, nous devons nous défendre contre les attaques russes qui voulaient nous anéantir. Notre Luftwaffe nous ravitaille, heureusement, mais la nourriture passe toujours en dernier. Aussi nous avons très faim pendant ces quatre semaines. Mais dans notre chaudron, il y a une fabrique de millet avec des réservoirs pleins à craquer. Nos cuistots peuvent nous le cuire et le griller à toutes les sauces. Celui-ci est cuit sans sauce et sans sucre mais tout est bon lorsque l'on a faim. Des chevaux morts et complètement gelés servent également de victuailles. Le réfrigérateur est naturel, vu la très basse température. Comme l'eau est, elle aussi, rare, nous ne pouvons nous laver tous les jours et les poux ne tardent pas à pulluler. Lorsque nous sommes au froid, dehors, pas trop de problème, mais lorsque nous sommes au chaud, ces petites bêtes se réveillent. Nous nous grattons sur tout le corps !

Lorsque le début d'année est bien entamé, nous sommes libérés par nos camarades et le front s'éloigne un peu et avec lui les combats. Nous avons alors pu recevoir de nouvelles recrues et de nouveaux véhicules (chars, camions, etc.) afin de remplacer les morts et blessés et les engins détruits ou inutilisables. Avec le calme revenu, nous pouvons tranquillement remettre en état nos engins qui avaient bien souffert, du froid et des très nombreux combats. Notre atelier de réparation a fort à faire. Nos engins changent de type de camouflage et nous avons été rapidement préparés pour de nouveaux combats. Nous sentons effectivement qu'un « gros coup » se prépare. Et puis il y a la suppression des permissions.

Nous sommes déjà **mi avril 1943**. Nous nous trouvons dans la partie sud du front près de Charkow et de Koursk, d'Orel et de Bielgorod. La date de l'offensive est plusieurs fois reportée. Nous, nous ne savons pas pourquoi. Ce n'est que dans la nuit du 4 juillet 1943 que la grosse offensive, tant attendue, allait débuter le lendemain **5 juillet 1943**. Lorsqu'avec ma compagnie nous nous présentons sur nos positions de départ, celles-ci sont bardées de fils de fer barbelés, de fanions de déminage. Les passages ainsi délimités devaient être scrupuleusement suivis. Nos pionniers avaient fait du bon travail et, comme l'infanterie attendait notre soutien, nous n'avons pas de temps à perdre. Etant prêts, nous ne savons pas exactement comment tout va se passer. Puis nous recevons l'ordre, nous les lourds Tiger, de passer dans le champ de mines car nos engins sont, comme on nous l'avait dit, insensibles aux mines ! Aussi, je donne l'ordre à mon chauffeur d'avancer et aux autres de me suivre. Je ferme ma tourelle et, par les épiscopes, observe le terrain. Avec ce cheminement dans le terrain miné, nous devons ouvrir la route en ayant fait le travail pour l'infanterie. Sous nos chenilles, les mines explosent donc sans trop nous gêner. A tel point que nos doutes se sont envolés. Puis une détonation étourdissante qui projette tout l'équipage sur les parois métalliques du Tiger. Celui-ci se dresse comme un cheval cabré et retombe lourdement! Je me doute qu'une de nos chenilles est en plutôt mauvais état. Nous nous trouvons maintenant en plein milieu d'un champ de mines et je ne peux descendre sans risquer de sauter sur l'une d'elles ! Aussi, par radio, nous appelons nos pionniers à l'aide afin de déminer tout autour de notre engin blessé. Ensuite, je préviens notre atelier de réparation afin d'obtenir un véhicule capable de nous dépanner et de réparer les dégâts. Ainsi est fait et nos mécanos peuvent réparer. Les pionniers me disent que nous sommes passés sur une très grosse mine de fabrication américaine qui a fait un trou de plus d'un mètre de diamètre et de profondeur ! La réparation faite, je me manifeste par radio auprès de ma compagnie pour la prévenir de notre retour. Mais pour ce faire, il y a des passages difficiles à franchir comme un fossé antichar. Je descends de mon char pour guider le chauffeur. Lorsque l'obstacle est franchi, j'indique au chauffeur que je veux regarder sur la droite et qu'il n'a qu'à s'arrêter sur la hauteur suivante. Ainsi, je peux remonter dans ma tourelle. A environ 1 200 à 1 500 mètres sur la gauche, se tiennent les Russes. Alors que je monte sur le char, nous recevons un coup direct sur le moteur et je suis blessé à l'arrière de la tête.

Je tombe dans le coma et ne saurais ce qui est arrivé que bien plus tard en lisant mes papiers d'état de blessure. Je suis resté quatre semaines dans le coma! Je ne pouvais plus parler et, de plus, j'étais aveugle, heureusement provisoirement. Je fus tout d'abord soigné à l'hôpital de Charkow, non loin du front puis, par avion, rapatrié sur celui de Krakau (Cracovie) en Pologne. Lorsque mon état s'améliora, je gagnais, en train sanitaire, l'hôpital de Prague. Là, j'y resterais jusque fin septembre 1943 où je fus remis sur pied, recouvrais la vue et la parole, assez pour être renvoyé à l'*Ersatz-Abteilung* de mon unité à Beneschau, non loin de Prague. Là, mon Kommandeur me fait la surprise de m'avoir décoré de l'*EK II* et du *Panzersturmabzeichen* en argent pour 12 journées de combat avec un char. Comme cela était ma deuxième blessure et celle-ci un peu plus grave, je reçois également l'insigne des blessés argent. Pour concrétiser ma guérison, je reçois une permission de deux semaines qui me permet de revoir ma famille. En revenant de ces superbes journées, j'ai la désagréable surprise d'être envoyé sur Riga où se montait une autre unité blindée, la *SS-Sturmgeschütz-Abteilung 16 RFSS* et me retrouve en Italie avec celle-ci et sans mon valeureux Tiger. Je serais gravement blessé au combat en Hongrie le 9 mars 1945 avec cette unité et perdrais une partie de ma jambe droite et tout mon équipage. Si j'avais eu mon Tiger je l'aurais toujours ! Mais c'est la vie et la destinée.

Je m'en voudrais de ne pas parler d'une unité qui a tant œuvré pour la pugnacité du régiment de panzers de la *Totenkopf*. Il s'agit de l'atelier de réparation qui eut fort à faire et dut, dans n'importe quelles circonstances, faire un travail dur et pénible, par tous les temps et dans les endroits les plus incroyables. Sous le feu de l'ennemi ou dans les champs de mines, ils durent remettre en état les chars du régiment et tenir le plus vite possible le pourcentage de chars prêts au combat au plus haut possible. Leur travail est resté dans l'ombre mais, sans eux, rien n'était possible, ce n'est pas à eux que la victoire appartenait mais, sans eux, cela n'aurait pas été possible. J'ai eu la chance de rencontrer plusieurs de ces hommes de l'ombre. Tout d'abord **Werner Biehl** qui a laissé ce témoignage :

« Le tempo que donne le véhicule de tête n'est pas mauvais et la pédale des gaz est souvent enfoncée. La longue queue de véhicules serpente sur les routes peu bitumées de Russie. Le jour et la nuit, nous devons rouler pour être au plus près des troupes blindées combattantes afin de répondre rapidement aux demandes. Sur les « routes » embourbées, des panneaux portent les consignes : « ne pas suivre les traces profondes ». Dans notre jeunesse, nous étions heureux de pouvoir nous laver dans les baignoires métalliques où nos mères nous frottaient avec du savon. Ici cela est un rêve car la boue immonde qui nous recouvre sans arrêt des pieds à la tête nous fait ressembler à des statues ! Certains véhicules auraient aimé avoir de grosses chaînes pour tenter de franchir des fleuves de boue charriant parfois des cadavres. La couleur de celle-ci est innommable tant elle change, nimbée de tâches d'huile et d'une odeur particulière.

Puis vient le temps du gel qui fige toute cette fange et bloque les véhicules dans leur gangue durcie comme du béton. Nous sommes à la tâche pour extraire tous les véhicules de ces fondrières gelées. Bien sûr, les Russes n'ont pas prévu des ponts capables de supporter les 60 tonnes de nos chars lourds. Si quelques-uns s'écrouleront sous leur poids, d'autres, par crainte de voir ceux-ci s'effondrer, tenteront de passer sur les cours d'eau gelé. C'est ce qui se passera avec le char Tiger de l'*Obersturmführer* Rinner qui tentera de traverser le cours d'eau gelée et sous le poids du Tiger la glace cédera et le panzer se retrouvera avec de l'eau glacée jusqu'à la tourelle ! Avec un Bergepanther, nous tenterons alors de ramener le char sur la terre ferme. Mais, à la fin de la journée, les efforts ne sont pas encore couronnés de succès. Le **27 février** à 9 heures, l'*Untersturmführer* Greisiger reçoit l'ordre de poursuivre la marche. Le Bergepanther reste lui pour continuer à sortir le char de l'eau. La journée suivante voit enfin les efforts porter leurs fruits. Le «Tiger de Perebetschino», comme il sera surnommé, doit être remorqué par quatre semi-chenillés lourds et un derrière pour le freiner jusqu'à l'atelier de Dnjepropetrovsk, pour y être remis en état.

Un autre des problèmes rencontrés par l'atelier de réparation est alors la présence sur les arrières du front de bandes de partisans harcelant tous les véhicules esseulés, ce qui était assez fréquent pour cette *Abteilung* plus habituée à réparer les véhicules qu'à faire le coup de feu contre les partisans. Ainsi, un groupe de sept hommes de l'atelier de réparation se trouvera coincé dans une attaque de partisans suffisamment nombreux pour former une compagnie et aidés de 6 chars T 34.

Ci-dessus : au cours de l'opération « Zitadelle », ce Panzer III de la *3. SS-Panzer-Division « Totenkopf »* fait une halte qui nous permet d'admirer son camouflage et de noter le blindage supplémentaire avant de la tourelle au niveau du canon de 5 cm.

Ci-dessous : le régiment blindé de la *3. SS-Panzer-Division* progressant lors de l'opération *« Zitadelle »*. On notera les nombreux Panzer III.

Tous les hommes présents doivent alors faire le coup de feu et, grâce à l'aide inopinée d'une section de *Flak* légère de 2 cm du *Heer,* la situation peut être sauvée et les hommes se retrouveront sains et saufs à l'atelier où le *Spiess* poussera un énorme *« Donnerwetter »,* tant il pensait ses hommes perdus. Le chef de l'*Abteilung* de réparation, l'*Untersturmführer* Greisiger, les envoie aussitôt se restaurer à la cantine roulante. Ils ne l'avaient pas volé.

Les heures étaient passées à l'atelier de réparation où les différents véhicules étaient partis en urgence pour dépannage à droite et à gauche. Quelques-uns revenaient enfin dans cette bouillie près d'Orelka. Un véhicule Mercedes était tombé dans un trou énorme d'obus d'artillerie. Il emportait un moteur de Tiger qui était attendu à l'atelier, mais qui n'arrivait pas, et pour cause. Heureusement, non loin, il y avait un véhicule lourd équipé d'un gros palan qui permit de le sortir de sa fâcheuse position. Mais ayant réglé ce problème, d'autres véhicules appelaient à l'aide, embourbés dans une fange sans nom qui fatiguait les machines et les hommes. Sans cesse, il fallait reprendre les pelles pour tenter de faire avancer les véhicules, tâche épuisante lorsqu'elle se répète sans cesse. De plus, les hommes étaient mouillés intégralement, les bottes méconnaissables sous l'amas de boue. »

Ci-dessus : très nette et très bonne photo d'un Panzer III de commandement du *SS-Panzer-Regiment 3 « Totenkopf »* lors de *« Zitadelle »*. Le canon est factice et en bois, car place est faite pour les équipements de transmission. On notera les trois barres sur le garde-boue avant à gauche, identifiant la division lors de cette opération.

Ci-dessous : l'*Obersturmführe* Lummitsch, à gauche avec une pipe et l'*Oberscharführer* Swetlie à la tourelle de leur Panzer III de l'*Aufklärungs-Zug* (peloton de reconnaissance blindé) de la *Kompanie* d'état-major de la *I. Abt* du *SS-Pz.- Rgt. 3* lors de *« Zitadelle »*.

Page précédente, en haut : lors de *Zitadelle* le poste de commandement de la *Kompanie* est ici identifiable. Derrière le Schwimmwagen, on aperçoit un Panzer III portant les casques des membres d'équipage et de la paille pour le camoufler à la vue de l'ennemi et de l'aviation russe.

Page précédente, en bas : très belle photo de l'opération « *Zitadelle* » montrant deux side-cars et un Opel Blitz, tous portant le sigle à trois barres de la Division pour cette opération. A l'arrière-plan, des panzers du Régiment de chars de la division.

Ci-dessus, à droite : tombe de l'*Oberscharführer* Behr tombé lors de « *Zitadelle* » et appartenant à la *7. Kompanie* du *SS-Pz.- Rgt. 3.*

Ci-dessous : superbe Panzer IV appartenant à la *3. SS-Panzer-Division* portant les trois barres pour l'opération « *Zitadelle* ». Notez les *Schürzen* ainsi que le magnifique camouflage qui fera le ravissement des maquettistes.

Ci-dessus : le tankiste Fritz Fuchs à la tourelle du Panzer III de sa *Kompanie* lors de l'opération « *Zitadelle* ».

Ci-dessus : un Panzer III de la *Panzer-Abt.* de la « *Totenkopf* » lors de « *Zitadelle* », car il porte les trois barres sur l'avant du véhicule.
Ci-dessous : photo prise lors des combats de l'opération *Zitadelle* et typique du front russe.

L'*Uscha.* **Stettner**, commandant de panzer à la *5. Kompanie* commandée par le *Hauptsturmführer* Flohr raconte ses premiers combats lors de *Zitadelle* en ce début juillet 1943.

« Après avoir franchi les fossés antichars, nous nous sommes reformés avec, en pointe, notre compagnie, sur notre gauche se trouve alors l'*Obersturmführer* Westphal et sa *6. Kompanie*. Nous contournons une vallée et arrivons sur une hauteur. Devant nous se déroule une vaste plaine d'herbe, plate et, derrière, une autre vallée du Donetz. Devant nous, un village qui doit être, d'après nos cartes, Nepohajewo. Nous n'en voyons que les toits. Derrière celui-ci, une forêt. Soudain, des éclairs venant de celle-ci. Des canons antichars nous ont pris pour cible. Nous leur répondons aussitôt. Notre artillerie prend le village sous son feu. Les canons russes leur répondent. Des obus de gros calibre tombent entre nos chars. Continuer l'attaque sous ce déluge d'artillerie et d'antichars serait un suicide. L'ordre d'envoyer des obus fumigènes ne tarde pas et nous permet un repli plus ou moins abrité. L'éclat d'obus d'un gros calibre russe endommage ma roue d'entraînement avant gauche. Je répercute le problème à mon chef de peloton, l'*Obersturmführer* Burgschulte. Le tir russe diminue et seuls quelques obus tombent encore ça et là. Revenu au village de Ssmorodino, nous y attendons l'atelier de réparation, prévenu par nos soins. Les éléments du Bataillon de SPW nous dépassent pour continuer l'attaque.

Alors que nous sommes encore occupés avec cette réparation, passe au-dessus de nous un avion de reconnaissance qui nous envoie une fusée violette qui veut dire qu'une force blindée approche rapidement. Notre *5. Kompanie,* mise à l'abri dans le village, repart au combat contre ces assaillants virulents. Puis, au bout d'un moment, nos grenadiers réapparaissent en haut de la colline, protégés par le feu de nos SPW. Tenir le village devient impossible. Soudain, un véhicule freine à nos côtés et le *Spiess*, le *Hauptscharführer* Diegusch, nous crie de monter à bord afin de quitter le village. Je redescends dans le blindé pour prendre le tableau de fréquence et rendre inutilisable la radio. Alors que mon équipage est déjà dans le véhicule du *Spiess*, je bondis lorsque celui-ci démarre déjà. Nous traversons le village encadré par des tirs d'armes légères. Nos chars contre-attaquent pour faire barrage à cette attaque.

Le lendemain, notre compagnie, sous les ordres du *Hauptsturmführer* Flohr, attaque sur la gauche vers Wesselyj. Alors que nous passons dans une vallée par un village, nous atteignons la cote 224.5. Un blindé d'observation de l'artillerie nous accompagne. Sur ma gauche se tient le Panzer III d'Uzelino, sur ma droite se tient mon chef de peloton, l'*Untersturmführer* Burgschulte. Nous sommes en haut de la colline et, devant nous, un grand espace libre descendant vers une autre vallée. A environ 500 mètres devant nous se trouvent quelques chars T 34. Nous ouvrons de suite le feu sur eux. Uzelino tire le premier et incendie du premier coup un T 34. Sur notre droite, d'autres T 34 s'enflamment. Lorsque, soudain, Uzelino quitte notre formation. Est-il devenu fou ! Mais nous comprenons en voyant sortir du char tout l'équipage qui se met à l'abri derrière leur engin. Tout d'un coup, l'enfer se déchaîne sur nos blindés. Des tirs d'engins de Flak proviennent de la gauche tandis que, de la droite, nous parviennent des tirs de canons antichars. L'instant suivant, dans mes écouteurs, le pointeur me signale que le percuteur ne répond plus aux sollicitations ? Alors je reçois l'ordre du chef de nous mettre à l'abri dans le village derrière nous. Mais je ne veux pas laisser l'équipage d'Uzelino seul aux mains des Russes. Aussi, à toute vitesse, mon chauffeur se dirige sur lui alors qu'un nouvel obus touche leur char. Trois des membres blessés sont hissés sur notre char et nous partons avec l'équipage blessé. Uzelino et son chargeur étant indemnes, se replie en se protégeant derrière notre char. Le tir des Russes se concentre sur nous car le reste de la compagnie est déjà à l'abri derrière la colline. Un morceau de la protection de notre chenille gauche vole en l'air après avoir été touché par un obus russe. Je fais obliquer notre char sur la gauche puis sur la droite pour, en zigzag, empêcher les Russes d'ajuster leur tir. Un obus ripe sur le côté gauche de la tourelle. Un grand bruit et la caisse se trouvant attachée à l'arrière de la tourelle vole en l'air. Alors que je sors un peu de la tourelle, pour m'assurer que nos blessés emmenés sont bien encore là et vivants, j'entends les balles siffler à mes oreilles. Mais nous parvenons nous aussi en haut de la colline. Nous pouvons faire descendre les blessés pour les mettre entre les mains des infirmiers alors qu'Uzelino et son chargeur arrivent, quant à eux, indemnes.

Les chars russes qui nous attaquent appartiennent à la 24e Brigade blindée de la Garde. Une partie du *Panzer-Regiment* de la *3. SS « Totenkopf »* les attaque. Voici la suite de ce récit :

« Nous avançons en direction de la hauteur. A 200, 300, 400 mètres, nous comptons 20 puis 30 chars et d'autres encore. Ils dépassent deux des leurs déjà en flammes, s'arrêtent, tirent et redémarrent. Des coups percutent nos blindés, les écornant. Des morceaux de métal volent en l'air. Nous reculons un peu pour avoir une meilleure position de tir et ouvrons le feu. Le combat blindé contre blindé a commencé. Sur un kilomètre, nous paraissons bouger comme sur un échiquier. Les pelotons organisent leur attaque. Quelques Tiger de la compagnie lourde sont également de la partie. Nous devons garder notre sang-froid et attendre avant de tirer pour être certains de faire mouche à chaque tir. Nous rejetons l'ennemi pas à pas. Les ventilateurs des moteurs et du compartiment vibrent au fur et à mesure des tirs. La sueur coule sur nos visages et sur les mains. L'huile des étuis d'obus nous noircit les mains et le visage, comme si nous avions travaillé pendant des heures. Nous rions de bon cœur aux vues des nombreux chars russes qui partent en fumée et en flammes. Les Russes paient le prix fort pour leur attaque et 14 épaves fumantes restent sur le terrain. Dans nos rangs aucune perte totale.

L'*Unterscharführer* Stettner poursuit. « Maintenant que notre panne de percuteur est enfin réparée nous rejoignons la compagnie, le *Hauptsturmführer* Flohr nous donne déjà de nouveaux ordres. Nous devons attaquer le village de Kotschetowka par le côté. Nous arrivons par une petite vallée près du village. Je fais stopper nos chars et m'avance à pied avec ma MP 40 pour étudier la situation. Oh la la ! Cinq T 34 sont installés, tout propres, comme sortis d'usine. Ils nous attendent au coin du bois ! Le Kübel de notre commandant de compagnie apparaît et, avec lui, le VB de notre artillerie. Aussitôt, les coordonnées sont envoyées et, rapidement, plusieurs salves d'obus tombent trop loin mais une petite correction de tir et les obus pleuvent en plein milieu de ces chars. Nous remontons dans les nôtres et décidons de prendre le village. Nous y pénétrons pour y découvrir un grand nombre de véhicules divers et de chars. Nos seize bouches à feu envoient tout ce qu'elles peuvent sur cette multitude de cibles. Comme le village se trouve dans une vallée et que des zones marécageuses l'entourent, les issues ne sont pas nombreuses. Notre *VB* en profite pour donner d'autres coordonnées de tir et les obus de 105 mm tombent sur ceux qui cherchent à s'enfuir. »

Les combats du **9 et 10 juillet 1943** coûteront bon nombre de chars aux Russes.

Le **12 juillet 1943**, alors que la 5e Armée blindée de la Garde, forte de 850 blindés et canons d'assaut de tous calibres s'affronte au *II. SS-Panzerkorps*, il est **9 h 30** et le groupe blindé du *Hauptsturmführer* Biermeier arrive sur la cote 226,6 pour attaquer vers le nord-est. Le commandant de panzer, l'*Unterscharführer* Stettner, raconte encore :

« Nous sommes à peine partis qu'une vague de T 34 arrive sur nous à toute vitesse. Ils arrivent maintenant à 100 mètres et même 50 mètres de nos chars. Mon pointeur me crie qu'il en a déjà un dans son viseur. Il tire et une énorme détonation s'ensuit qui fait même trembler notre char. Le T 34 n'est plus qu'une épave en morceaux ! Cela n'est pas possible, ils devaient avoir de la dynamite à bord ! Les grandes roues du train de roulement volent en l'air sur plusieurs mètres ! Les pionniers devant nous subissent pas mal de pertes. Ils combattent les T 34 avec leurs charges creuses et en détruisent un bon nombre mais laissent aussi du monde sur le terrain. Il y a peu d'endroit où se mettre en protection. Certains des pionniers sont tués par les morceaux des chars qu'ils viennent de détruire et qui volent dans les airs en autant de morceaux d'acier mortels. La *I. Abteilung* du *SS-Pz.-Rgt. 3 « T »* avance. Quant à nous de la *II. Abteilung,* nous suivons peu après. Ensuite, nous recevons l'ordre de nous porter sur l'aile droite pour porter main-forte à la *1. Kompanie* en difficulté. Elle est bloquée par un barrage de canons antichars. Plusieurs de ses chars sont déjà touchés. Nous leur donnons un appui et, notamment, nous protégeons le char de mon camarade Heinz Prenzel qui est stoppé jusqu'à l'arrivée de nos fantassins. Puis nous regagnons nos positions. Un char fait marche arrière et, à l'abri, la trappe s'ouvre afin que le chargeur et le chauffeur puissent sortir le corps de leur commandant puis celui du radio, tous deux mortellement touchés par un obus qui a percé le blindage à droite. Le reste de l'équipage court au PC afin de solliciter un nouveau commandant et un radio. Ceux qui sont légèrement blessés se font soigner mais ne veulent pas quitter le front et rester avec leurs camarades au combat.

A **9 h 50**, le PC se manifeste : *« les Russes attaquent Wassiljewka »* puis, cinq minutes plus tard : *« Les Russes venant de Michailowka attaquent avec des blindés dans la direction Ouest. Ils veulent couper en deux la division sur le fleuve Psel et l'encercler. Ils se heurtent aux II. et III. Bat. du Regiment « Eicke »*. A 11 heures, *« les Russes ont été repoussés et poursuivis jusqu'à leurs positions de départ. »*

Le groupement blindé de la *« Totenkopf »* poursuit son effort vers le nord-est. L'*Unterscharführer* Stettner continue : « En formation large, notre *II. Abteilung* attaque. A la limite de portée de nos canons, nous apercevons les chars russes. Soudain, sur ma gauche, un de nos chars est pris de tremblement et part en flammes. L'équipage évacue mais tombe sous les tirs des Russes. C'est alors que nous comprenons que nous sommes tombés en plein milieu d'une position d'infanterie russe très bien camouflée dans des champs de seigle. Des grenades et des cocktails Molotov volent dans les airs. Nous reculons pour nous extraire de ce piège. Sur la gauche et la droite, l'attaque s'immobilise en attendant l'arrivée de nos fantassins. Je demande à mes deux camarades, à droite et à gauche, de me soutenir de leur feu alors que je veux essayer d'anéantir quelques nids de Russes. Mon chargeur, le *Sturmmann* Faber, prépare les grenades ovoïdes. Avec le soutien de mes deux camarades, j'avance doucement mon panzer, puis, arrivé devant l'un des nids des Russes, le *Sturmmann* Faber me donne deux grenades ovoïdes dégoupillées que je jette en passant par la tourelle ouverte, juste dans le nid de mitrailleuse devant nous. Deux détonations et la mitrailleuse Maxim se tait. Je reproduis ce schéma plusieurs fois et toujours avec succès. Ainsi le terrain est nettoyé. Nous prenons ainsi les Russes à revers, ceux-ci, se sauvent en tombant sous le feu de nos grenadiers qui arrivent. »

15 h 00 : le groupement blindé se trouve deux kilomètres au nord-ouest de Poleshajew. L'*Unterscharführer* Stettner continue :

« Au soir de cette journée de combat, les chars russes semblent avoir disparu. Devant nous, s'étale un terrain avec des petites collines couvertes de champs de seigle. Soudain, devant nous, un jaillissement de terre et de feu. Ces damnés antichars lourds nous ont pris pour cible. Nous essayons de sortir de leur champ de tir. Puis, un coup sur l'avant nous projette les uns sur les autres dans le char. Une pluie de débris tombe sur la tourelle. Le panzer s'arrête. Mais aucune fumée dans notre blindé. Mon pointeur, le *Rottenführer* Ahl, crie : *« Nous sommes touchés, il faut sortir. »* J'ordonne de rester à l'intérieur car, dehors, c'est un orage de feu et de fer encore plus dangereux. Mon chauffeur Hüttinger apparaît sous le canon, le visage convulsé en criant : *« Mes jambes, mes jambes »* ! Je lui demande : *« Les sens tu encore ? »* Puis après un léger temps mort, *« oui »*. *« Bon, tu te réinstalles à ta place et tu fais une marche arrière»*. Hüttinger a tout juste 18 ans et il parvient à se contrôler malgré la douleur. Le moteur consent à repartir et nous faisons 50 mètres en arrière. J'aperçois, alors sur ma gauche, un Panzer IV de la *6. Kompanie* qui tire tout ce qu'il peut sur ce nid de vipères. Je me mets à l'abri derrière lui afin de pouvoir sortir et analyser la situation afin de savoir ce qu'il s'est passé. Ceci fait, je peux voir que l'obus de l'antichar a percuté à l'endroit le plus épais du blindage avant, qu'il a d'abord touché l'élément de chenilles qui nous sert de pièces de secours et aussi de renfort de blindage. Celui-ci a bien fait son ouvrage et l'obus n'a pas transpercé la partie frontale de la caisse mais des petits éclats d'acier ont été projetés à l'intérieur, ce qui a blessé le chauffeur au niveau de ses jambes. Il est heureux que cela ne soit pas grave mais, dans l'action, il a eu peur que cela ne le soit. Il reprend sa place sans problème. Notre régiment est tombé en plein sur un énorme barrage antichar qui n'a été anéanti qu'après un bon moment de combats. Nous progressons à nouveau en dépassant l'un de nos chars détruits par un antichar et aussi les nombreux canons antichars russes détruits et les membres des équipes de tirs tués à leur poste ou projetés par les obus que nous leur avons envoyés. Notre attaque se poursuit. »

«Le lendemain (13 juillet) nous nous retrouvons dans une position d'infanterie russe très bien dissimulée. L'artillerie soviétique tire sur ses propres troupes, mais pour nous arrêter. Nous stoppons et reculons de 200 mètres pour obliquer par la gauche afin de prendre la position russe par la droite. Soudain, dans nos écouteurs, notre Kommandeur, le *Hauptsturmführer* Flohr, nous ordonne de nous rassembler en suivant les fusées éclairantes rouges afin de poursuivre notre attaque. Comme d'habitude, il se positionne en tête de l'assaut. Cela étant typique des officiers de la Waffen-SS. Le régiment s'étale pour attaquer en atteignant une petite hauteur. Dès celle-ci franchie, nous apercevons déjà les tirs des Russes sur nous. Obus explosif à 12h30, 500 mètres, feu ! De nouveaux coups de départ du côté russe. Mon pointeur a vu l'endroit où se cache le canon antichar et, déjà, l'obus part vers celui-ci, touché, il explose en projetant des tas de débris divers dont certains membres de l'équipe russe. Les obus se succèdent à une allure énorme, avec une précision phénoménale. Le nid de canons antichars n'existe plus. Dans une vallée, une colonne de véhicules russes s'enfuit. Elle est prise sous nos feux et disparaît en fumée. Sur notre droite et sur une hauteur, à un kilomètre au nord-ouest de Poleshajew, se tient le reste de notre Régiment blindé. Nous avons perdu quelques blindés. Il est maintenant **20h00**. Flohr ordonne : *« Suivez-moi nous allons les prendre de flanc ! »*

A **22h45**, la route Beregowoje – Kartaschewka est atteinte et sécurisée. Nous nous y installons pour la nuit. Nos attaques ont été couronnées de succès.

Ce **13 juillet 1943**, au nord de Bjelgorod, les attaques successives de la *Totenkopf* ont été couronnées de succès mais au prix de pertes, tout en étant sans aucune mesure avec celles des Russes.

Le lendemain, **14 juillet**, à **17h30**, la réserve du *SS-Pz.-Rgt. 3 « T »* se tenait derrière la cote 226,6. Elle entre dans la danse en attaquant plusieurs vagues de T 34. Pour ainsi dire, aucun ne repartira dans ses lignes. Les carcasses fumantes des T 34 parsèment le terrain. Mais ce jour coûtera aussi beaucoup de pertes et ainsi 10 Panzer VI, donc tous les Tiger, auront été détruits (momentanément ou définitivement). 12 Panzer IV, 1 Panzer IV à canon court, 21 Panzer III et 2 panzers de commandement. Grâce au formidable travail de la *Werkstatt* du *SS-Pz.-Regt.*, une grosse partie des blindés touchés auront été remis en état dont beaucoup de Tiger. 5 officiers valeureux auront été blessés et devront être remplacés.

17 juillet 1943

22 h 10 : le *SS-Pz.-Rgt. 3 « T »* passe le fleuve Psel et y consolide une tête de pont.

Le 18 juillet 1943

11 h 15 : environ 30 T 34, accompagnés de fantassins, attaquent la *167. Inf. Div.* au nord-est de Teterewino. Les blindés de la *« Totenkopf »* sont appelés au secours. La *1. Kompanie* de l'*Obersturmführer* Riefkogel se rend sur place. Il bloque, avec ses blindés, l'attaque russe et les refoule jusque dans leurs lignes.

Le *SS-Hauptsturmführer und Hauptmann der Schutzpolizei* **Waldemar Riefkogel** est né le 7 janvier 1913 à Sarstedt près de Hanovre. Il a obtenu le *Ritterkreuz* le 11 juillet 1943 en tant que *SS-Obersturmführer* et chef de la *1./SS-Pz.-Rgt. 3*. Il est tué le 30 juillet 1944 à Siedlce.

A **12 h 30** : l'E.M. annonce l'apparition de 40 T 34 sur la cote 241,6 puis 60 autres T 34 au sud de Wassiljewka, le tout accompagné de fantassins.

A **14h20** : la plupart des chars russes ont été détruits et les fantassins tués ou fait prisonniers.

Le 30 juillet 1943

« C'est une journée chaude et ensoleillés que ce vendredi 30 juillet. La continuité de notre offensive va encore s'intensifier. Le premier but de celle-ci est la cote 223,7 puis les cotes 213,9 et 174,4. Depuis ces hauteurs, l'attaque du *II. SS-Panzer-Korps* aura pour but d'encercler et d'anéantir l'ennemi près de Marinowka. Malheureusement pour nous, l'ennemi y a installé des barrages antichars assez importants. Il est déjà huit heures du matin lorsque les chars lourds « Tiger » du *Hauptsturmführer* Richter sortent d'une forêt pour gravir une petite colline vers le nord. La *I. Abteilung* de *Panzer* du *SS-Pz-Rgt. 3 « T »* traverse le no man's land pour atteindre les lignes ennemies qui sont facilement traversées, les quelques Russes restants sont terrés dans leurs trous et seront traités par nos fantassins qui nous suivent. Soudain, des obus tombent sur notre infanterie et entre nos chars P IV et Tiger. Cela s'est passé trop facilement et maintenant, nous nous heurtons à un barrage antichar et aux Panzerbüchsen qui harcèlent nos chars avec leurs petites piqûres. Le char de l'*Unterscharführer* Horsten de la *1. Kompanie* est touché et brûle avec tout l'équipage. Les antichars repérés sont aussitôt détruits mais leur nombre est impressionnant. Avec eux, des T 34 se sont mis de la partie mais ils sont rapidement mis hors de combat par nos canons. Le char du Kommandeur Richter saute sur une mine et est immobilisé. Celui de l'*Untersturmführer* Schüssler est également touché. Il perd un œil et mourra quelque temps plus tard à l'hôpital d'une autre blessure. D'autres chars se trouvent immobilisés par des mines ! Horreur, nous sommes en plein milieu d'un champ de mines. Les pionniers sont appelés à la rescousse afin de pouvoir continuer à avancer. Il ne reste que 4 Tiger opérationnels. Les fantassins russes et les nids de mitrailleuses et de canons antichars sont traités avec des obus explosifs. Lorsque nous dépassons les lignes russes, celles-ci sont jonchées de cadavres de soldats russes ainsi que de commissaires politiques, reconnaissables à leur casquette et leur pantalon bleu. Nous tombons sur une nouvelle ligne de défense que les Russes ne lâchent qu'après avoir résisté jusqu'à la mort. Au sud et au nord-ouest de la cote 213,9 se tiennent des canons antichars que la division *« Das Reich »* n'a pas encore atteint. Les Panzer III et IV de notre *Pz-Regiment* se font allumer par les 76,2mm russes. Plusieurs chars brûlent. Les *Untersturmführer* Hostmann et Ofner tombent. Les chars endommagés ou ayant perdu des membres d'équipage reculent pour se rassembler afin de compléter les équipages. Notre char avance sous une grêle de projectiles, une lueur bleu orangé se fait voir au niveau de l'épiscope du chauffeur. Le moteur se tait. Un petit nuage de fumée noire se dissipe dans notre char mais, Dieu soit loué, personne n'est blessé. Le canon et nos mitrailleuses sont encore en état mais la tourelle ne veut plus tourner. Mon pointeur m'indique que deux de nos voisins ont sauté sur des mines. A ce moment-là, les fantassins russes nous attaquent. On les voit installer des mortiers pour nous atteindre par le haut. Cinq obus bien placés mettent fin à leur velléités. Sur notre gauche, nos chars sont également freinés et stoppés dans leur élan. La mitrailleuse co-axiale se tait, percuteur cassé. Devant nous, un courageux soldat russe court vers nous avec une charge creuse. La mitrailleuse du radio ne parvient pas à le toucher. 100 m, 80 mètres et à 50 mètres, nous envoyons un obus explosif juste à ses pieds. Il est déchiqueté en un instant. Il n'ira pas plus loin. Mais il n'est pas le seul ! L'artillerie russe s'en donne à cœur joie et la notre est peu en mesure de riposter car manquant de renseignements pour ajuster les tirs et ne pas détruire nos propres chars et fantassins. Malgré tout, une batterie de Nebelwerfer envoie ce qu'elle a pour nous soulager.»

Photo de l'*Unterscharführer* Stettner portant déjà de nombreuses décorations.

Vers **13 heures**, une escadre de Stukas apparaît dans le ciel et vient détruire nombre de canons antichars et de chars russes. Entre-temps, les pionniers ont dégagé deux chemins pour pouvoir progresser en avant. L'*Unterscharführer* Stettner continue :

« Nous reprenons notre avance avec nos fantassins agrippés à nos superstructures. Déjà des obus tombent entre nos chars. 300 mètres plus loin, nous devons stopper. Le *Hpstuf.* Flohr ordonne : *«Que l'infanterie descende et nettoie le terrain devant nous »*. Nous nous installons un peu en arrière puis nous progressons vers la hauteur 213,9. A peine une petite vallée passée, je vois l'un de nos chars sauter sur une mine. L'équipage en sort indemne et se replie. Puis, 400 mètres devant nous, un canon antichar russe de 76,2 mm. Il tire sur le char voisin et le rate. Mais mon pointeur est plus rapide et le détruit d'un seul obus. A notre gauche, un autre Panzer IV brûle, touché. J'oblique vers la gauche mais un autre de nos blindés saute sur une mine. De nouveau, nous sommes dans un champ de mines. A croire que les Russes ont entièrement miné l'ensemble du front ! Il faut attendre à nouveau que les pionniers établissent des chemins dans ce champ de mines. Parmi les chars touchés, celui du chef de la *7. Kompanie,* le *Hauptscharführer* Schneider, dont l'équipage sera blessé par les tirs de l'infanterie russe mais pourra être sauvé sauf le chargeur Herberth Loth qui sera porté disparu. Nous soutenons de nos tirs, lors des opérations de déminage, les braves pionniers qui doivent se démener dans de terribles conditions. Toute casquette ou casque qui se montre est pris aussitôt sous le feu de nos mitrailleuses. Il ne nous est pas possible de sortir pour uriner ou pire sous peine de recevoir un feu nourri des Russes. Aussi les étuis d'obus vides servent bien à autre chose. Cela fait partie de la vie de combat du tankiste.

Photo de Wilhelm Flohr, ici avec le grade d'*Untersturmführer* alors qu'il commandait la *5. Kompanie*.

Lorsque nous dépassons nos braves pionniers, nous voyons les tranchées où nombre de Russes sont morts à leur poste, cela n'a plus rien à voir avec le soldat russe de 1941. J'ai obliqué vers la gauche et, sur ma droite, trois de nos chars sont touchés dont celui de tête du *Hauptsturmführer* Flohr. Quelques-uns des membres de l'équipage ont pu sortir mais sont grièvement brûlés. Le chauffeur, bien brûlé, nous crie que son chef est encore à l'intérieur du char en train de brûler. La prise de la hauteur s'éternise, malgré les nombreux combats.

A **16 h 25** et grâce à l'intervention de Paul Hausser, se manifestent enfin des Stukas qui nous permettent enfin de gagner du terrain pour prendre la cote 213,9. Malgré tout, l'*Untersturmführer* Moosbrucker tombe et l'*Untersturmführer* Quarenski est gravement blessé.

Les pertes sont importantes et nous démoralisent car chaque gain de terrain coûte trop d'hommes et de machines. 75 % du *SS-Pz.-Rgt. 3* est inutilisable. 48 blindés dont 7 Tiger ont été touchés. Les épaves fumantes parsèment le terrain L'*Untersturmführer* Tietz prend le commandement de la *5. Kompanie*. Notre moral est entamé par la perte de beaucoup de bons camarades.

De nouveau, il nous faut progresser pour atteindre cette hauteur. Mètre après mètre, nous progressons en détruisant à portée de jet de grenades les positions de fantassins russes. Nous pourchassons les Russes avec le soutien de nos fantassins, parfois au travers de champs de maïs. Je suis en tête lorsque, soudain, un énorme bruit sur l'avant de notre char. Un canon antichar de 76,2 mm nous a touché. Des flammes envahissent l'habitacle que nous évacuons. Le chargeur et le pointeur courent déjà derrière et moi, j'ai des brûlures diverses. Mes deux camarades m'indiquent que le chauffeur et le radio ont dû être tués lors de l'impact sur l'avant de notre char. Nous suivons les traces de notre char pour rejoindre nos arrières et nous tombons sur des fantassins russes qui ont été dépassés par nos chars mais que nos propres fantassins n'ont pas encore traités. Ils tirent avec leur Maxim et leurs armes. J'ai moi-même ma MP 40 et deux grenades offensives avec moi. Mes deux camarades n'ont que leur pistolet. Je leur indique de rester dissimulés. Je m'approche doucement de la mitrailleuse russe et lui envoie une grenade. Elle s'est tue. Puis j'aperçois un Russe en train de tirer avec sa mitraillette PPSH 41 sur mes deux camarades. Je lui envoie une rafale de ma MP qui le cloue au sol. Je rejoins mes hommes mais le chargeur gît avec une balle en pleine tête et le pointeur a lui reçu une balle dans la cuisse. Les différentes attaques pour prendre la hauteur échoueront toutes avec des pertes des deux côtés.

Nous sommes obligés de rester sur nos positions face à des Russes à portée de jet de grenades !

Le 1er août 1943

Vers **14h50**, le reste de la *I. Abt.,* sous le commandement de l'*Obersturmführer* Gramms, et la *II. Abteilung,* sous les ordres de l'*Obersturmführer* Walter Mattern, reprend l'assaut sur la cote 213.9.

Sur nos arrières, les Panzer III de réserve se tiennent prêts. Je prends le commandement du char de mon commandant (Flohr) tombé hier. L'équipage est un mélange de tankistes d'origines diverses. J'ai comme pointeur un Viennois. Il était auparavant chauffeur du médecin de la Division. Le Ier Peloton est commandé par l'*Unterscharführer* Fischer.

Après une attaque de nos Stukas et une préparation d'artillerie, nous attaquons avec le reste de nos blindés. De l'autre côté, tout ce qui a un canon nous envoie une pluie d'obus. Le tir de contre-batterie des Russes tombe trop court. C'est de nouveau l'enfer. Mais nous passons outre et, malgré les tremblements, nous avançons. Le char de Tietz prend feu après avoir reçu un coup au but. Un messager motocycliste vient nous apporter l'ordre d'obliquer vers la droite. L'avant de notre effort se trouve 300 à 400 mètres devant nous. Sur notre droite se tient le char de l'*Oberscharführer* Sepp Fischer et, à ma gauche, celui d'Uzelino. Derrière nous suivent les pionniers. Nous sommes sur l'aile gauche. Nous sommes à peine sur une hauteur que des canons antichars russes nous tirent dessus. Le char d'Uzelino prend feu. Celui-ci sort de sa tourelle et tombe sur le côté du char. Les autres membres de son équipe courent se mettre à l'abri derrière. Une pluie d'obus s'abat sur nous. L'un d'eux ricoche sur ma tourelle, le panzer de Fischer est malmené et je l'appelle par la radio mais sans avoir de réponse ! Il doit être également bien touché. Je dois continuer. Les Russes sont si bien dissimulés que nous ne parvenons pas à voir où leurs canons se trouvent. Nous sommes tirés comme des lapins sans pouvoir réagir. Un obus tombe juste devant mon char, projetant des éclats d'acier et de la terre par-dessus ma tourelle. Je parviens à me positionner derrière une légère montée afin d'être moins discernable. Apparemment, je suis le dernier panzer. Derrière moi apparaît le chargeur de Fischer. Il me crie : *« Unterscharführer, l'Oberscharführer Fischer gît à côté de notre char les deux jambes gravement touchées, pouvez vous nous passer des pots fumigènes, nous voulons le ramener vers l'arrière. Avec les fumigènes donnez-nous une protection par votre tir ? »* Aussitôt demandé, je lui envoie quelques pots fumigènes et me serre vers la droite afin de balayer devant avec mes mitrailleuses et mon canon.

Sur notre droite avancent nos derniers « Tiger ». Soudain, derrière les débris d'un T 34, se profilent à l'horizon trois T 34. Tourelle à 11 h, distance 400 mètres, obus antichar 39, j'ai à peine fini que le pointeur m'indique l'avoir dans son viseur, feu ! L'obus atterrit juste sous la tourelle, celle-ci s'ouvre en rejetant un énorme nuage de flammes et de fumée qui s'échappe dans l'air. Personne n'en sort. Puis les coups partent très rapidement vers les autres chars russes et les détruisent d'un seul obus ! Soudain, c'est une grande joie dans notre char, trois T 34 sont déjà en flammes devant nous.

Nous continuons en faisant feu sur des masses de fantassins surpris de nous voir dans leurs lignes. Nos deux MG donnent tout ce qu'ils peuvent. Soudain, arrive le char de l'*Untersturmführer* Tietz, il m'interpelle en grimaçant, me demandant de prendre le commandement du reste de la compagnie. Il a reçu une balle dans l'épaule. Lors de l'avance, il avait emporté un *Rottenführer* de la *Panzer AA 3 « T »* sur l'arrière de son char et, lorsqu'il se trouva face à une tranchée remplie de Russes, le *Rottenführer* est descendu du char et, avec sa MP a nettoyé le terrain mais, ce faisant, il fut blessé, aussi l'*Untersturmführer* Tietz est sorti pour le grimper sur le char afin de le ramener mais, en le déposant sur l'arrière du char, il a reçu une balle dans l'épaule. Malgré tout, il a pu grimper dans son char. De plus, en ramenant le *Rottenführer* à l'échelon de l'hôpital, il fut à nouveau blessé par un éclat d'obus d'orgue de Staline.

Après bien des déboires, la cote 213.9 est enfin conquise à **16 heures**. Mais à peine au sommet, ce sont plus de 1000 fantassins russes qui attaquent ceux qui viennent de prendre la hauteur. Notre MG de tourelle se tait, nous le remplaçons très rapidement par celui du radio. Malgré nos rafales et les rangs qui s'éclaircissent, les Russes continuent leur attaque en criant « hourra » sans se soucier de ceux qui tombent. Ils sont maintenant presque à portée de jet de grenades et je m'apprête à reculer lorsqu'apparaissent dans le ciel 9 de nos Stukas. J'envoie aussitôt une fusée orange pour nous faire voir. Nos Stukas descendent toutes sirènes hurlantes et larguent avec précision leurs bombes en trois charges successives. Puis une fois les bombes larguées, ils s'en prennent aux survivants en les mitraillant avec leurs mitrailleuses de bord. Nous saluons nos Stukas

Rare photo de Walter Mattern alors qu'il n'est encore que *Junker* à la division « *Totenkopf* ».

Walter Mattern en *Obersturmführer* et chef de la 7e *Kompanie* du *SS Panzer Regiment 3 « Totenkopf »*. Il recevra le *Ritterkreuz* pour ses actions le 20 Octobre 1944.

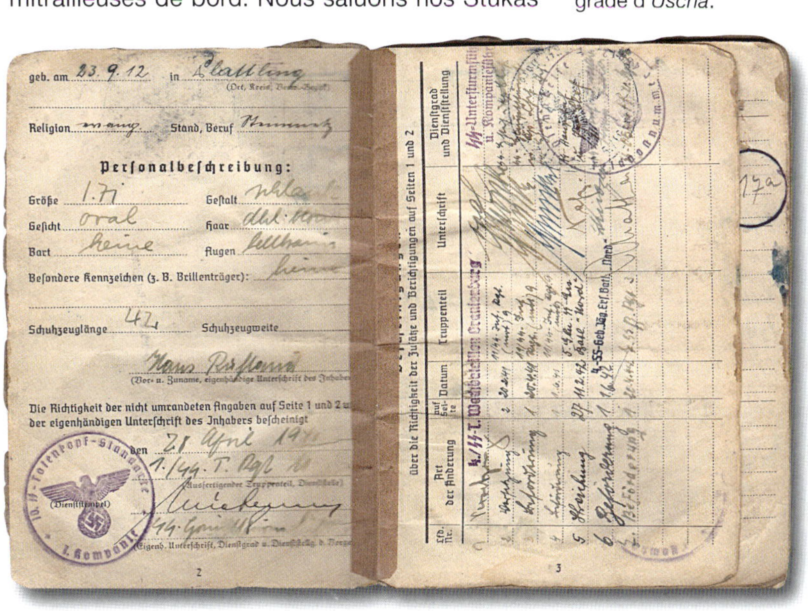

Soldbuch de l'*Unterscharführer* Hans Rhuland qui passera de la *6. SS-Gebirgsdivision « Nord »* à la *II Abteilung* du *SS-Panzer Rgt. 3 « T »*. En avril 1944, l'*Obersturmführer* Walter Mattern apposera sa signature dans le *Soldbuch* pour son passage au grade d'*Uscha*.

qui repartent se réapprovisionner en munitions. A peine partis, voici maintenant des chasseurs-bombardiers russes qui apparaissent eux aussi. Je ferme ma tourelle et fais une prière. Déjà, nous entendons les explosions des bombes et les rafales de mitrailleuses mais... ils tirent sur leurs propres troupes ! Nous leur sommes redevables d'une aide absolument aussi inattendue qu'efficace.

Nous en profitons après leur passage pour reprendre notre avance. A peine une nouvelle hauteur passée, une gerbe de terre et d'acier s'élève devant notre char. Un peu trop court ! Mais je n'ai pas le temps de prévenir le chauffeur qu'il a déjà engagé la marche arrière. Un peu caché derrière une levée de terre, nous respirons à nouveau. Nos fantassins, un peu en arrière, sont maintenant devant et doivent nettoyer les tranchées et trous des Russes. Je vois deux de nos fantassins sortir deux Russes les bras en l'air d'un trou camouflé, mais des bras les agrippent au col pour les tirer à l'intérieur de leur terrier en même temps qu'une grenade leur est lancée de l'intérieur. Elle est projetée plus loin sans faire de mal mais, aussitôt, nos grenadiers lancent à leur tour une grenade offensive dans le trou, une explosion et quatre Russes sont morts.

16 h 35 : panzers et grenadiers sont sur la partie Ouest de la hauteur. La partie Est est attaquée. Enfin, la hauteur est complètement entre nos mains. Mais à quel prix ! »

La poursuite de l'avance se fait plus doucement. L'*Unterscharführer* Stettner, dans son Panzer III, est arrêté par un nouveau barrage de canons antichars.

Il commente : « Cela dure plusieurs heures. Nous pensons qu'avec l'obscurité nous pourrons faire une manœuvre de repli léger pour nous mettre à l'abri mais, dès que l'on met en route le moteur du char, les canons russes se font entendre. En nous faufilant entre les épaves de chars, nous pouvons revenir vers les positions de notre infanterie. Nous y retrouvons le panzer d'Uzelino. Nous chargeons son corps sur notre propre char pour aller l'enterrer. De nouveau revenu à la compagnie, j'entends que Fischer a été récupéré et transporté. Il a déjà coupé avec son couteau le reste de jambe qui pendait sous son genou. Il l'a ensuite bandée et attendu les secours. Il ne veut pas se séparer de son pied en proclamant : « Il m'appartient » !

Vers **22 heures**, les Russes tentent par de nouveaux assauts de récupérer la cote 213.9. Ils attaquent avec la valeur d'un bataillon, épaulé par 8 T 34.

Les combats au corps à corps durent jusqu'à minuit où, enfin, les Russes sont rejetés sur leur position de départ.

Le **3 août 1943** : les combats sur le Mius réduisent la taille des compagnies à quelques hommes. Des sous-officiers se retrouvent à commander des compagnies. Un bataillon n'a pas la taille d'une compagnie ou à peine. De nombreux blindés sont encore aux ateliers de réparation qui n'arrêtent pas une minute pour remettre en état chaque jour plusieurs blindés. A ce jour, seuls 3 Panzer VI (Tiger), 10 Panzer IV long, 1 Panzer IV kurz, 3 Panzer III ! et 6 blindé de commandement.

Après d'âpres combats, les Russes sont rejetés de l'autre côté du Mius et sur un large front. Après quatre jours d'intenses combats, les positions à l'Ouest de Dimitrijewka sont nettoyées.

Une partie du Régiment de panzers et de l'*Abteilung* de Sturmgeschütz de la *3 « T » Division* se réunissent pour se mettre à disposition du *XVII. Armee-Korps* dans la région de Stepanowka – Perwomaisk.

Le **4 août**, les Russes tentent de reprendre du terrain avec 60 chars T 34 fraîchement arrivés du IIe Corps mécanisé de la Garde de la 6e Armée. Ils attaquent la *23. PD* et le Régiment *« Eicke »*. L'attaque est stoppée et les chars qui ont réussi à passer sont détruits par les Sturmgeschütz et canons de Pak placés en deuxième ligne. L'artillerie de la *23. PD* soutient les attaques et permet le rejet des assaillants avec de lourdes pertes.

L'opération *« Zitadelle »* est abandonnée et les Russes se rassemblent sur l'aile gauche de la *Heeresgruppe Süd*. Les pertes subies par les Russes sont énormes et ils ne pensaient pas avoir à en perdre autant. Mais du côté allemand, les pertes ne sont pas aussi rapidement remplacées que du côté russe. Le réservoir russe semble inépuisable. Ensuite, l'aide massive des alliés en chars et en véhicules aura beaucoup aidé ceux-ci à contenir la grande offensive allemande. Même s'ils considéraient les chars vendus (loi prêt-bail) par les Américains et les Anglais de piètre qualité par rapport aux leurs.

Le **7 août 1943**, les Russes lancent l'offensive et reprennent Bogoduchoff au nord-ouest de Charkow. Ils passent la Smerla et attaquent plus au sud-ouest.

Le Régiment de panzers de la *« Totenkopf »* est dirigé par voie ferrée vers Charkow où la *I. Abteilung* peut encore être débarquée mais la *II. Abteilung* ne peut atteindre que Merefa et continue par la route

L'*Unterscharführer* Stettner reprend la plume :

« Notre *5. Kompanie* est maintenant commandée par le *Hauptsturmführer* Nerpel. Nous sommes, avec nos 8 Panzer III, la *Kompanie* la plus étoffée de l'*Abteilung* !

Le **10 août 1943**, dans la nuit, une attaque blindée russe a lieu à l'Ouest d'Alexandrowka, soutenue par des fantassins. Ils tombent sur la *I. Abteilung* dans la région de Walki. Lors de ces combats, les Russes sont rejetés de Kowjagi. Lors de ceux-ci, le commandant du groupe blindé, l'*Obersturmführer* Burgschulte tombe. Alors qu'il va sortir la tête du tourelleau, un obus russe vient la toucher et le *Kommandant* est mortellement atteint. Alors que la *I. Abteilung* est en plein combat à Kowjagi, notre *5. Kompanie* y arrive pour la soutenir. Nous sommes également accompagnés de Schwimmwagen de l'*AA 3* qui, de leurs feux nourris de MG 42, balaient les Russes se trouvant dans les champs de maïs et les champs de tournesol. L'ennemi fuit, tout au moins les survivants car les MG 42 font des ravages dans leurs rangs. Le *Panzer-Regiment* a subi de lourdes pertes lors des combats sur le Mius. Il n'y a plus réellement de compagnie. Les *1.* et *2. Kompanie* sont fondues dans un groupe de combat, les autres dans un deuxième groupe tactique. Par chance, l'*Obersturmführer* Riefkogel revient de convalescence après sa blessure et prend le commandement du 1er groupe de combat. Le ravitaillement arrive et redonne du moral aux troupes. Déjà, un nouvel ordre arrive avec le nettoyage de la zone de Kow-

Le *SS-Sturmbannführer* **Erwin Meierdress** est né le 11 décembre 1916 à Wesel. Il a obtenu le *Ritterkreuz* le 13 mars 1942 en tant que *SS-Obersturmführer* et chef de la *Sturmgeschütz-Batterie* de la « *Totenkopf* » puis les feuilles de chêne (310e soldat) le 12 octobre 1943. Il est tué au combat, à Dunaalmas, en Hongrie, le 4 janvier 1945. Il est enterré à Vienne.

jagi pour y chasser les Russes qui y sont encore. Nous sommes quatre blindés avec à leur tête Riefkogel, puis Nitschke, Steiger et Baumeister. Nous tombons sur un barrage d'antichars. Le blindé de l'*Oberscharführer* Nitschke est détruit et flambe avant que nous ne puissions localiser les cinq canons antichars russes et que nous les éliminions. Nous revenons sur Kowjagi. Puis, un peu plus tard, des chars T 34 s'en prennent à une colonne de ravitaillement. L'*Obersturmführer* Riefkogel se porte à leur secours et détruit rapidement 3 T 34 et met en fuite les autres.

Deux heures plus tard, l'*Obersturmführer* Riefkogel est blessé pour la septième fois ! Un chasseur russe ayant pris pour cible son char le touche à la tête. Le Kommandeur du Régiment, le *Sturmbannführer* Bochmann ainsi que le Kommandeur de l'*Abteilung,* Erwin Meierdress, sont présents lorsque l'équipage ramène leur commandant. Il est transporté en urgence à l'hôpital de campagne.

Nous sommes à nouveau sans commandant de notre groupe blindé. Les deux groupes blindés sont assimilés pour n'en faire qu'un avec pour chef l'*Obersturmführer* Herbatscheck, un Viennois, comme chef.

Le **15 août 1943** : sur l'aile gauche de l'attaque sur Scharowka se trouve le Régiment « *Deutschland* ». Sur sa gauche, se trouve la *II. Abteilung*. L'*Unterscharführer* Stettner poursuit : « Sur notre droite des tirs russes. Le champ de maïs est bientôt fini et nous arrivons sur le village Ssotnaja. En le traversant, les villageois nous indiquent que, peu de temps auparavant, les Russes s'étaient enfuis avec 12 blindés. Nous nous positionnons à la sortie du village et nous balayons de nos tirs les fantassins russes que nous apercevons. Sur la droite, d'autres blindés de notre *Abteilung*. Nous obliquons vers le nord-ouest et en large front nous passons par une petite vallée. A l'arrière, je devine une fabrique de sucre. A 2 000 mètres devant nous, des chars russes apparaissent, 30 puis 40 engins. Ils arrivent directement sur nous. Nous les voyons traverser un champ de tournesols et ceux-ci plier sous le poids des lourds engins. Apparemment, ils ne nous ont pas encore aperçus et obliquent à gauche vers des buissons. Dans nos écouteurs, la voix du Kommandeur Bochmann donnant les ordres de tirs aux Tiger et aux Panzer IV. Distance 1600 mètres. Pour nos Panzer III, la droite nous est confiée. Déjà des panaches de fumée noire marquent les T 34 touchés. La vallée résonne des tirs amis et ennemis. Nous nous positionnons et ouvrons, nous aussi, le tir mais à moindre distance. Les chars russes touchés ne se comptent plus alors que nous recevons maintenant des tirs de canons antichars.

La *II. Abteilung* se retire un peu. Ceux de nos chars qui ont été touchés seront ramenés plus tard.

Je suis blessé lors d'un accrochage avec un canon antichar russe. Je suis ramené à Kowjagi. Le long de la route des tombes fraîches. Le *Spiess* de la *I. Abteilung* pose la *hagel rune* (croix spécifique à

Portrait du *Sturmbannführer* Georg (Schorch) Bochmann. Il porte le *Ritterkreuz* au cou.

Le *SS-Oberführer* **Georg Bochmann** est né le 18 septembre 1913 à Albernair en Saxe. Il a obtenu le *Ritterkreuz* le 3 mai 1942 en tant que *SS-Hauptsturmführer* et Kommandeur de la *SS-Panzerjäger-Abteilung 3*, les feuilles de chêne (246e soldat), le 17 mai 1943 en tant que Kommandeur du IIe bataillon du Régiment « *Thule* » de la « *Totenkopf* » et les épées, en tant que Kommandeur de la Division « *Horst Wessel* », le 30 mars 1945 (140e soldat). Il décédera le 8 juin 1973 à Offenbach, en raison de lourdes séquelles de la guerre.

Autre photo de « Schorch » Bochmann, cette fois, il porte l'uniforme noir des tankistes. Il commande la *II. Abteilung* du *SS-Panzer-Regiment 3* « *Totenkopf* ».

Ci-contre : autre photo, plus rare, de Georg Bochmann alors que l'unité est en formation.

la Waffen-SS) sur un monticule où ont été enterrés des camarades du *SS-Pz-Rgt. 3 « T »*. Je lis les noms sur la croix : *Ostuf.* Burgschulte, *Ostuf.* Altermiller, *Hscha.* Seifert. Je n'en crois pas mes yeux. Je pleure en regardant cette tombe toute fraîche. Nous étions encore ensemble il y a peu. Avec Rudi Seifert nous avions combattu ensemble dans le même char aussi !

Il sera absent du front quelque temps… »

Retrouvons **Walter Weber** à la fin de l'été 1943 : « L'été, petit à petit, disparaît pour laisser place aux premières pluies et au froid. Nous devons reculer sans cesse, ne nous laissant aucun temps mort. Nous en profitons pour donner un coup de main aux hommes de l'atelier de réparation sur notre propre char et aussi sur d'autres, moins atteints que le nôtre. La nuit, le ciel est rouge flamboyant des villages et des champs que nos fantassins ont enflammés. Des troupeaux de vaches et de cochons forment de longues colonnes se dirigeant vers l'Ouest. Tout le monde se dirige vers une nouvelle ligne de résistance derrière le Dnjepr que nous espérons tenir très longtemps ! De nouvelles armes nous y attendent mais cela ne va pas changer grand-chose à l'inéluctable destinée de l'armée allemande.

Par Poltawa, Krementschug et d'autres villes, nous atteignons enfin le Dnjepr un petit matin de l'**automne 1943**. Avec des bacs, nous traversons le grand fleuve pour nous installer sur de nouvelles positions. Nous nous attendions à de solides tranchées, à des bunkers et autres emplacement déjà préparés mais en fait, rien, rien que ce que les troupes qui refluaient avaient elle-même construit. Bien entendu, les Russes sont à nos trousses et ne permettent pas que nous puissions bâtir de solides positions. Cela ne permet pas de l'empêcher de franchir le fleuve et de nous repousser encore un peu plus vers notre mère patrie. Cela

Voici maintenant le témoignage d'un vétéran de l'état-major du *SS-Panzer-Regiment 3 «Totenkopf»,* concernant l'automne de 1943.

« C'était **fin octobre 1943**, dans un petit village d'Ukraine. Moi, **Heinz Fickert** j'appartenais à l'état-major de notre *SS-Panzer-Regiment 3* qui se trouvait là.

Un *Unterscharführer* reçoit l'ordre du Kommandeur, le *Sturmbannführer* Bochmann, d'aller reconnaître le terrain du prochain engagement de nos blindés. Il demande à un messager chauffeur de l'accompagner avec un Schwimmwagen. Ils s'y rendent donc. Arrivé près d'une hauteur, l'*Unterscharführer* envoie le Schwimmwagen pour se camoufler alors que lui-même va gravir la petite colline. Avec ses jumelles, il va pouvoir observer le prochain champ de bataille pour nos blindés. Ce faisant, on entend non loin, à environ 500 mètres, les tirs d'une mitrailleuse russe, typique. Le tir rageur d'un MG 42, appelé « la scie à Hitler », car la cadence folle de 1200 coups à la minute la caractérise, lui répond. Notre infanterie doit se frotter aux Russes derrière la petite colline. Le chauffeur est assis dans son Schwimmwagen, attendant le retour de l'*Unterscharführer*. Soudain, l'un de nos fantassins surgit et demande à notre chauffeur de ramener un blessé grave à l'arrière. Le chauffeur a les ordres d'attendre le sous-officier mais notre fantassin se fait plus pressant, criant que son camarade perd son sang abondamment. Que faire. Rapidement, il prend la décision d'y aller. Du haut de la colline, une étendue plate se fait voir et, à 200 mètres, l'un de nos nids de mitrailleuse héberge un MG 42. Le pourvoyeur a reçu une blessure grave à la cuisse saignant fortement. A 250, 300 mètres, se tiennent les Russes que l'on peut deviner. Le blessé est allongé sur le siège arrière et son camarade essaie de bander sa cuisse afin de réduire le flot de sang. Notre chauffeur quitte assez rapidement ce lieu peu enviable. Cela ne dure que quelques minutes. Les panneaux indicateurs montrent la direction de l'hôpital de campagne. En route, ils croisent une ambulance qui est en flammes et que des partisans avaient attaquée, faisant fi des grandes croix rouges qui l'ornaient ! Après avoir déposé, le blessé le chauffeur et le camarade du blessé reprennent la route vers leur position, éloignée seulement de deux kilomètres.

Arrivé sur la petite colline, l'*Unterscharführer* l'attendait. Alors que le fantassin regagnait sa position, le sous-officier tance le chauffeur car il a enfreint ses ordres. Arrivé à l'état-major, il doit aussi nettoyer le siège arrière car le blessé avait répandu son sang sur le tissu du siège.

Le blessé a-t-il lui aussi survécu à la guerre, surtout à sa grave blessure ? *Unterscharführer*, si tu es encore vivant, excuse moi de t'avoir fait attendre sur la colline ! »

Maintenant, c'est l'ancien *Rottenführer* **Fritz Edelmann** qui livre ses souvenirs sur les combats qu'il mena avec la *II. Abteilung* du *SS-Panzer-Regiment 3 « Totenkopf »* en Russie, fin 1943, début 1944 :

« Depuis décembre 1943, le groupe de combat du *SS-Panzer-Regiment 3 (II. Abteilung* et compagnie lourde du régiment) se trouvait à Nowo-Petrowka. Avec deux autres équipages, nous avions établi nos quartiers dans une isba russe. Le **6 janvier 1944**, il y a une alerte. Nous devons rejoindre la *13. Panzer-Division* du *Heer* à Ingulo-Kamenka. Cela est fait de nuit et dans les tourbillons de neige. Dans le brouillard matinal, l'attaque commence. Soudain, nous essuyons des tirs venant de la droite. Un Panzer IV de la *7. Kompanie* reçoit un tir direct et reste planté là. Nous tirons sur une meule située un peu sur notre droite, et qui se met à bouger pour découvrir en fait un T 34 qui, du fait de notre réaction recule. Nous sommes tombés sur un barrage antichar. Nous nous réunissons puis prenons de nouvelles positions. Le brouillard a maintenant disparu. Etant en pointe, nous parvenons sur une petite hauteur et, sous nos yeux, de droite à gauche, beaucoup de camions et de luges en marche. Le Kommandant, l'*Oberscharführer* Horst Marx, donne l'ordre au chauffeur : *« Artur, en avant marche, marche ! »* puis ensuite : *« Attention, positions ennemies, feu à volonté » !* Dans les écouteurs, notre *Kommandant* appelle les autres chars à tirer sur cette longue colonne de ravitaillement russe. Notre canon de 5 cm KWK et nos mitrailleuses lâchent tout ce qu'ils ont sur ces cibles en mouvement à 500 mètres de nous. Lorsque la voix du *Hauptsturmführer* Neithard se fait entendre : *« Marx, attention à 2 heures, il ya des canons antichars »*. Nous reprenons notre route et avançons jusqu'à ce que nous stoppions afin de tirer un KV I que notre pointeur, Erich Jurgeit, avait pris pour cible dans son viseur et le tire.

Je tire avec mon MG sur la colonne puis tout va très vite. Nous recevons un coup direct dans le compartiment moteur et le panzer se met à flamber. L'ordre de sortir du char ne me parvient pas car l'ensemble des appareils de transmissions ont été détruits par l'explosion. Ce n'est que lorsque je me retourne que je vois ce qui se passait. La porte du chargeur était ouverte et je peux sortir par là car, la tourelle étant tournée, elle obstruait mon orifice de sortie. Je passe au-dessus des flammes sortant du compartiment moteur et saute à terre où se trouvent déjà les membres de l'équipage. Nous recevons des tirs de fusils et de mitrailleuses venant des positions russes. Il faut maintenant courir pour rejoindre nos propres lignes. Erich Jurgeit manque, il est mort à sa place. L'obus l'avait atteint directement. Nous le sortons du char avant de partir. Le lendemain, nous trouvons une place dans les quartiers d'un autre équipage. Nous assurons aussi la garde par moins 35 degrés ! Avec notre char endommagé, que nous avons récupéré, nous nous dirigeons vers Dolinskaja où se trouvait l'atelier de réparation et où nous enterrons également notre camarade Erich. A la suite de cela, le *SS-Rottenführer* Peter Kämpf reçoit le Panzer III numéro 524 de l'atelier de réparation à Dolinskaja. Le chauffeur est le *Rotttenführer* Schiel, le pointeur, le *Sturmmann* Hermann Fath, le chargeur, Hubert Colin. J'y suis adjoint en tant que radio. Nous nous dirigeons donc vers Kirowograd. En roulant de nuit, nous atteignons la ligne de front pour une nouvelle attaque à Bolschaja Wiska. Le groupe de combat de la *II. Abteilung* est sous les ordres du *Hauptsturmführer* Neidhardt. Il devait se trouver dans la deuxième vague mais se retrouve en fait sur notre gauche. Notre avance progresse bien et nous rejetons les Russes vers Andrejewka sur des positions russes de deuxième ligne. Il est déjà près de midi lorsque le char devant nous, celui de l'*Untersturmführer* Jurda, saute sur une mine et est ainsi immobilisé. L'équipage s'en extrait et, armé des armes de poings, pistolets et MP 40, bondit vers nos fantassins un peu en arrière. Nous continuons notre chemin lorsqu'un char T 34 bien embusqué nous tire. Un réservoir contenant de l'huile moteur et situé derrière la tourelle s'enflamme. Notre chargeur sort de la tourelle et se fait descendre par un tir de mitrailleuse russe. La fumée commence à envahir l'habitacle et le moteur à tressauter. Avant d'évacuer notre char, nous répondons au char russe qui nous a touchés et le mettons en flammes à son tour. Puis l'ordre d'évacuer est donné par notre chef de char. Le moteur se tait définitivement. Nous évacuons et je perds connaissance un court instant. Je reviens à moi par l'explosion de nos munitions dans notre char. Nous courons maintenant vers le char de Jurda. Nous nous mettons à l'abri en dessous de celui-ci. Le char est vide. Je reçois une balle de mitrailleuse. Nous bondissons hors de notre cachette et, lors d'un bond suivant, je reçois un grand choc dans le dos. J'ai dû recevoir une deuxième balle d'une mitrailleuse Maxim qui rafale sans arrêt. Je reste allongé et me glisse derrière le corps d'un soldat russe tué auparavant. Apparemment, je dois pouvoir encore courir ! Je me saisis d'une MP russe PPSH 41 au chargeur encore plein. Je reste ainsi deux bonnes heures lorsqu'une troupe de Russes sortie du village d'Andrejewka approche. Notre infanterie avait investi le village et chassé ces rouges. On entend encore des coups de feu et des maisons brûlent. Nos obusiers et canons d'infanterie de 75 mm envoient leurs obus sur ces troupes qui reculent. Les impacts approchent de nous suivant au plus près les rouges. Je vois Hermann Fath allongé et l'appelle. Je n'ai pas de réponse car il est mort. Au bout d'un certain temps, j'entends une petite troupe de 4 à 5 Russes qui s'affairent autour du panzer de Jurda. Je m'agenouille et tire trois ou quatre rafales avec mon PPSH sur ces Russes. Puis je fais un saut en arrière et me retrouve dans un trou de bombe. Là, je tombe sur le *Sturmmann* Reiser et le radio Hess de l'équipage de Jurda. Tous deux sont blessés. Nous attendons l'obscurité pour essayer de rejoindre le village qui est entre nos mains. Là nous sommes accueillis par les hommes de la *6. Kompanie* du *SS-Pz-Gren.-Rgt. 6*. Leur médecin nous prodigue les premiers soins avant de nous rapatrier vers l'hôpital de campagne. Là, le *Hauptsturmführer* Neidhardt nous rend visite. »

nous fait mal au ventre de voir la rapidité avec laquelle les troupes du *Heer* se repliaient sans trop chercher à combattre. Malheureusement, nous ne pouvons rien y faire, les ordres sont les ordres et les Russes regagnent le terrain sans combattre. Enfin, il y a un arrêt et le recul est stoppé. Notre régiment blindé est rassemblé, quelques nouveaux chars et des troupes fraîches renforcent nos rangs. Mais on ne peut que former une seule *Abteilung* et le reste des hommes est envoyé en Allemagne pour y recevoir de nouveaux chars et y être renforcés pour de nouveau nous rejoindre un peu plus tard.

Les compagnies sont formées en groupes tactiques *(Kampfgruppen)* et envoyées au combat. Il n'y a plus grand-chose à voir avec notre Régiment du début. Lentement, l'hiver arrive et les Russes continuent leur marche inexorable. Nous avions donné nos vieux mais fidèles Panzer III et nous nous trouvons avec les hommes du Train à Dolinskaja. C'est plutôt calme. Lorsque le bruit du canon et des combats se fait entendre au loin, nous commençons à construire des positions devant le village. C'est le **17 décembre 1943**, nous sommes devenus fantassins dans nos positions. La neige très épaisse recouvre tout le paysage et il fait très froid. Les Russes se tiennent calmement dans le village qui se trouve en avant du nôtre. Puis tout se met à bouger, nous sommes remplacés par une division blindée toute fraîche qui passe aus-

sitôt à l'attaque. Nous revenons dans notre village afin d'y passer une nuit calme. De plus, pour moi, une permission pour rentrer chez moi m'attend. Une très grande joie. Avec un autre de mes camarades aussi chanceux que moi, nous prenons un train de marchandises pour rejoindre Odessa. Puis, de là, à Kowel où enfin un vrai train de permissionnaires nous attendait pour rejoindre l'Allemagne. Le **27 décembre 1943**, je me retrouve au petit matin, à 3 heures, enfin, à la maison. Mes 21 jours de permission passent comme une flèche.

Le **18 janvier**, je dois reprendre la route du front et, le **31 janvier**, je suis de nouveau auprès de ma compagnie qui avait fait de nombreux changements de positions depuis mon départ. Le même jour, je pars remplacer un camarade et me retrouve de nouveau en première ligne. Mais le front est très calme. Il se passe ainsi un bon temps où tout est tranquille. Nous partons deux jours en posi-

Ci-dessus : intermède entre deux combats. A la table, on reconnaît Waldemar Riefkogel, à gauche et au milieu, Erwin Meierdress avec son *Ritterkreuz*.

Ci-contre : l'*Obersturmführer* Waldemar Riefkogel est ici en plein pied nous permettant de bien voir la tenue chaude qu'il porte et qui n'a rien de très militaire mais qui a été envoyée d'Allemagne pour permettre d'affronter le froid russe. Ce qui manqua terriblement aux soldats allemands pendant le premier hiver 41/42.

Ci-contre : Waldemar Riefkogel à côté d'un Panzer III de la *1. Kompanie*. Il porte une combinaison blanche sur sa tenue. Entre deux combats, il boit du café (le thermos est sur le char) et fume une cigarette.

Ci-dessous : document officiel et original du passage au grade d'*Untersturmführer* de Waldemar Riefkogel. Il est daté du 1er mai 1941.

Ci-dessous, à gauche : photo officielle du *Hauptsturmführer* Waldemar Riefkogel avec le *Ritterkreuz* au cou. On voit très bien l'insigne à la tête de mort de la division sur la patte de col droite.

tions avancées puis revenons deux jours au village. Nous y avons installé nos quartiers avec toutes les commodités et où nous nous sentons très bien. Nous y jouons aux cartes jusque très tard au soir. L'*Abteilung* ne compte plus que huit chars en tout et pour tout ! Aussi, chaque compagnie gâte ses hommes en nourriture. Nous vivons vraiment bien. Un jour, nous recevons l'ordre de nous rendre auprès de l'atelier du train afin de sortir de leurs positions tout véhicule embourbé et bloqué par le gel dans de fâcheuses postures. Nous avons un très bon logement et ne sortons que lorsqu'il faut aller tracter des véhicules. Nous n'avons pas à nous plaindre.

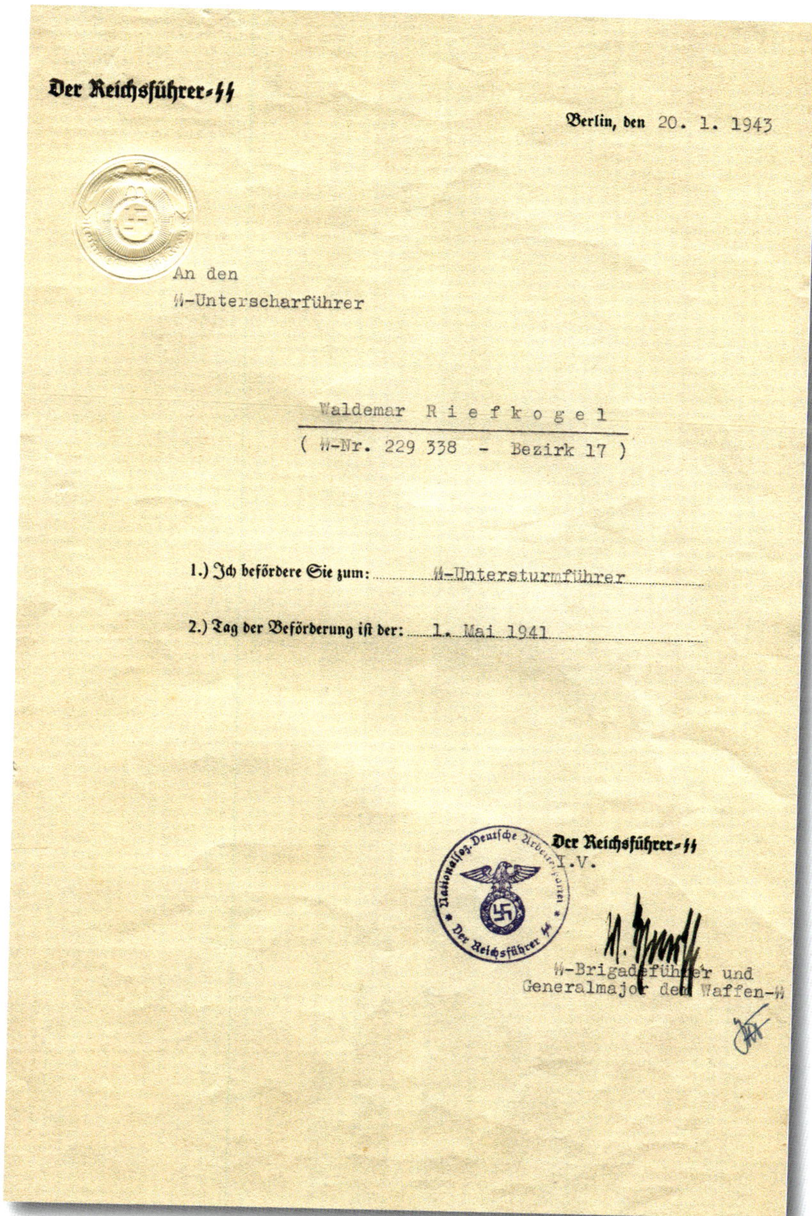

Der Reichsführer-SS

Berlin, den 20. 1. 1943

An den
SS-Unterscharführer

Waldemar Riefkogel
(SS-Nr. 229 338 - Bezirk 17)

1.) Ich befördere Sie zum: SS-Untersturmführer

2.) Tag der Beförderung ist der: 1. Mai 1941

Der Reichsführer-SS
I.V.

SS-Brigadeführer und
Generalmajor der Waffen-SS

Mitglied des Nationalsozialistischen Reichsbundes für Leibesübungen

Sportgemeinschaft der Ordnungspolizei Hannover e. V.

Geschäftsstelle: Waterloostr. 9, ehem. Kriegsschule, Anruf 44361, Nebenanschluß 495
Sportplatz und Klubhaus: Am Bischofsholer Damm 97, Anruf 81097
Bankkonto: Scheck- und Girokonto 5393 bei der Sparkasse der Hauptstadt Hannover

HANNOVER, den 14.7.1943.

Herrn
Oberleutnant der Schutzpolizei
Waldemar Riefkogel,
Feldpost-Nr. 34 798 B

Lieber Sportkamerad !

Durch Rundfunk und Tageszeitung erhielten wir Kenntnis von Ihrem heldenhaften Einsatz im Kampf gegen den Bolschewismus und der dafür verliehenen Auszeichnung.

Ich spreche Ihnen daher als den ersten Ritterkreuzträger der Sp.G.O. Hannover meine herzlichsten Glückwünsche aus. Es ist für uns alle eine grosse Freude, dass Sie als Rugbyspieler und Wassersportler diese hohe Auszeichnung erhielten.

Gleichfalls wünsche ich Ihnen zu der erlittenen Verwundung baldige Genesung, auch zugleich im Namen aller Angehörigen der Sp.G.O. Hannover, und grüsse Sie mit

Heil Hitler!
Ihr

Oberst der Schutzpolizei
und Führer der Sp.G.O.

Hannover, den 17.7.43.

N. S. R. L.
Sportgau Südhannover-Braunschweig
- Stellv. Gausportführer -

Herrn
Marine-Oberleutnant Waldemar Riefkogel
Feldpost-Nr. 34 798 B.

Von dem Polizei-Sportverein Hannover erfahre ich heute, dass Sie wegen Ihres besonderen Einsatzes an der Front mit dem Ritterkreuz ausgezeichnet sind.

Im Namen des gesamten Sportgaues Südhannover-Braunschweig gratuliere ich Ihnen herzlich; wir alle sind über Ihre Auszeichnung erfreut und stolz auf Sie.

Ihrem Heldentum im Kampf um den Lebensraum unseres Volkes können wir durch unseren Heimateinsatz nicht nacheifern; wir können nur eins, Ihnen die letzte Gewissheit geben, dass wir für den Sieg arbeiten und immer wieder arbeiten, damit Sie draussen das Gefühl haben, die Heimat hinter sich zu wissen, auf die Sie sich voll verlassen können.

Jetzt im Kriege geht es im Sportleben nicht darum, grosse und neue Dinge aufzuziehen, sondern alles das zu erhalten, was da ist. Wenn Sie in die Heimat zurückkommen, wollen wir hintreten können und sagen, hier ist das, was Ihr zurückgelassen habt. Ich kann Ihnen berichten, dass uns bis heute diese Aufgabe mit vielen Mühen gelungen ist.

In der Zukunft wird es natürlich immer schwerer werden, aber auch das wird gemeistert.

Wir alle wünschen Ihnen volle Erhaltung Ihrer Gesundheit und recht viel Soldatenglück.

Heil Hitler!

(Mahlmann)
Stellv. Gausportführer

Ci-dessus : photo de profil de l'*Untersturmführer* Waldemar Riefkogel dans sa tenue noire de tankiste.

Ci-dessous : autre très bonne photo du *Hauptsturmführer* Waldemar Riefkogel après qu'il ait reçu son *Ritterkreuz*.

Ci-dessus, à gauche : document original émanant de l'association sportive des anciens de l'*Ordnungs-Polizei* à laquelle W. Riefkogel avait appartenu et le félicitant de l'obtention de son *Ritterkreuz*.

Ci-dessous, à gauche : autre document original émanant de l'association sportive du Gau d'Hanovre-Sud/ Braunschweig qui le félicite aussi pour son *Ritterkreuz*.

Mais ce bon temps a également une fin. Une semaine plus tard, nous rejoignons le front car une grosse offensive soviétique est attendue. Dans des positions bien préparées et dans des bunkers, nous attendons leur arrivée. Celle-ci ne vient pas. Par ci par là, nous sommes mis en alerte sans qu'il ne se passe quoi que ce soit. Aussi nous agrémentons notre bunker de quelques babioles pour le rendre plus agréable. De temps à autre, l'artillerie russe nous fait savoir qu'elle aussi est toujours là. L'attaque n'arrivant pas, nous sommes de nouveau envoyés à l'arrière pour reprendre notre travail de dépannage. Le mauvais temps rend à nouveau les routes impraticables à bon nombre de véhicules et les déplacements fatigants et épuisants, tant la boue entrave nos déplacements. Nous avons, de ce fait, du travail tant et plus. Des troupes refluant du front encombrent les routes et les chasseurs-bombardiers russes s'en donnent à cœur joie, sans grande efficacité d'ailleurs.

Ci-dessus, à droite : autre photo, plus décontractée, du *Hauptsturmführer* Waldemar Riefkogel avec son *Ritterkreuz* au cou.

Ci-dessus : à gauche, Waldemar Riefkogel, RK au cou, avec une tenue croisée mais pas noire comme celle des tankistes.

Ci-dessous : superbe photo d'un Panzer III de l'unité de Waldemar Riefkogel au cours d'une halte « casse-croûte rapide entre deux périodes de combats au cœur de l'hiver russe 1942/43. On notera les détails du char et les trois cercles sur le canon, témoin de ses victoires.

Ci-contre : faire-part original du décès du *Hauptsturmführer* Waldemar Riefkogel tombé le 30 juillet 1944.

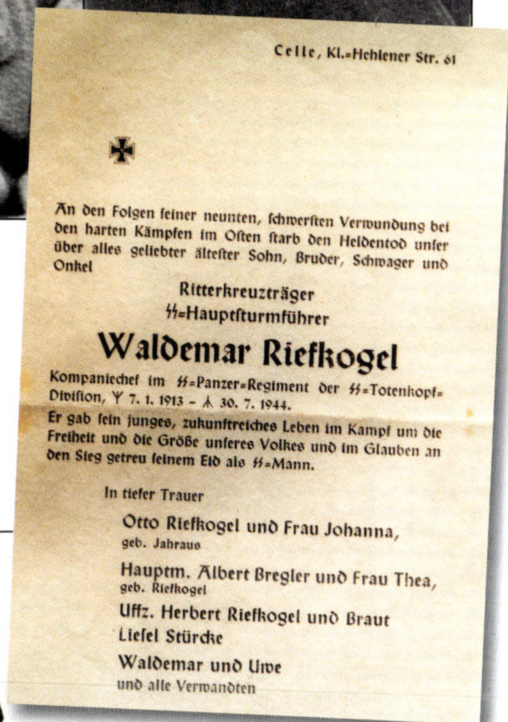
Celle, Kl.-Hehlener Str. 61

An den Folgen seiner neunten, schwersten Verwundung bei den harten Kämpfen im Osten starb den Heldentod unser über alles geliebter ältester Sohn, Bruder, Schwager und Onkel

Ritterkreuzträger
SS-Hauptsturmführer

Waldemar Riefkogel

Kompaniechef im SS-Panzer-Regiment der SS-Totenkopf-Division, ᛉ 7. 1. 1913 – ᛣ 30. 7. 1944.

Er gab sein junges, zukunftreiches Leben im Kampf um die Freiheit und die Größe unseres Volkes und im Glauben an den Sieg getreu seinem Eid als SS-Mann.

In tiefer Trauer

Otto Riefkogel und Frau Johanna,
geb. Jahraus

Hauptm. Albert Bregler und Frau Thea,
geb. Riefkogel

Uffz. Herbert Riefkogel und Braut
Liesel Stürcke

Waldemar und Uwe
und alle Verwandten

Ci-dessus : intéressante photo prise du tourelleau du chef de char de ce Panzer III. Il nous fait bien voir le blindage additionnel du masque de canon ainsi que les tubes lance-fumigènes sur le côté de la tourelle. La neige recouvre les herbes.

Ci-contre : trois membres du *SS-Panzer-Regiment 3 « Totenkopf »* dont le *Sturmmann* (deuxième à partir de la gauche) portant déjà des décorations attestant de son ancienneté au front. La photo est datée du 7 décembre 1943.

Ci-dessous : un Schwimmwagen de l'état-major du *SS-Panzer-Regiment 3* lors de l'opération « *Zitadelle* ». On observe le bout du canon de 5 cm d'un Panzer III de l'unité.

Ci-contre : deux membres d'équipage d'un Panzer III de la *3. SS-Panzer-Division « Totenkopf »* nous permettent de bien voir la roue arrière du train de roulement et les accessoires sur l'arrière gauche du véhicule.

Ci-dessous : un Panzer III du *3. SS-Panzer-Regiment « Totenkopf »* en route pour la ligne de front. Il emmène des fantassins assis sur ses superstructures.

1

5

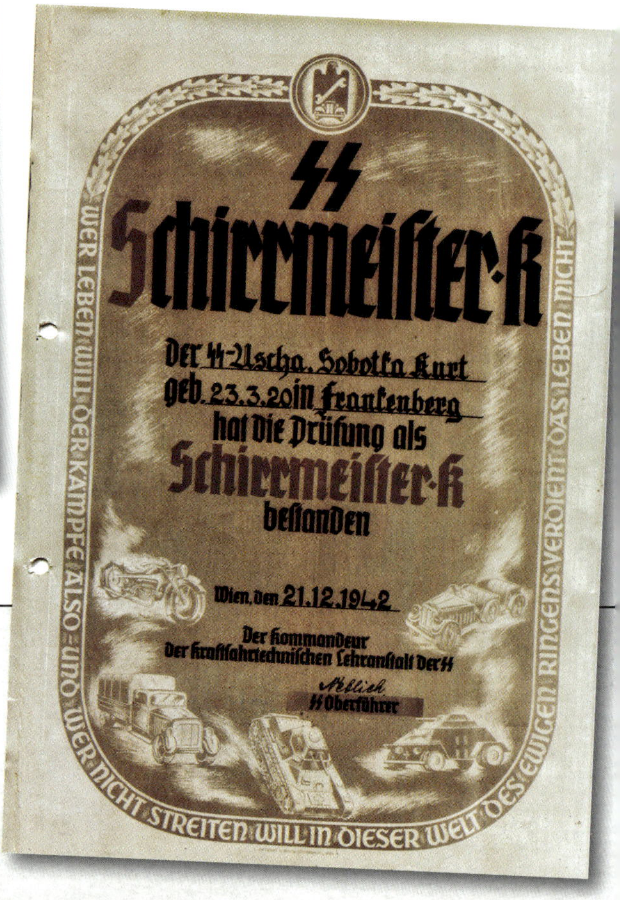

SS

Schirrmeister-K

Der SS-Uscha. Sobotka Kurt
geb. 23.3.20 in Frankenberg
hat die Prüfung als
Schirrmeister-K
bestanden

Wien, den 21.12.1942

Der Kommandeur
der kraftfahrtechnischen Lehranstalt der SS

SS-Oberführer

WER LEBEN WILL, DER KÄMPFE ALSO, UND WER NICHT STREITEN WILL IN DIESER WELT DES EWIGEN RINGENS, VERDIENT DAS LEBEN NICHT

3

2

4

1. Bien que de mauvaise qualité, due au temps et à l'endommagement de la photo, celle-ci nous permet de bien voir le tourelleau du Panzer III. Il s'agit du chef de char Friedel Fischer en route de Charkow vers Bjelgorod le 3 juillet 1943.

2. Emergeant d'un champ de tournesols, la tourelle de ce Panzer III du *SS-Panzer-Regiment 3 « Totenkopf »*, permet de situer la photo lors de l'opération « *Zitadelle* ».

6

3. Un char américain de type Lee ou Grant, envoyé au titre de la loi « prêt-bail » aux Russes afin de les aider dans leur combat contre les Allemands. Peu apprécié par les Russes, les chars anglais ou américains étaient moins efficaces que leurs T 34. Celui-ci a été détruit par le *SS- Panzer-Regiment 3 « Totenkopf »*.

4. Un char Panzer III avec l'antenne parapluie le montrant comme char du chef de *Kompanie* passe à côté d'une isba en flammes.

5. Diplôme de chef d'entretien attribué à l'*Unterscharführer* Kurt Sobota, personnellement rencontré. Le personnel d'entretien et de réparation est indispensable et œuvre dans l'ombre des régiments de panzers.

6. Un jeune *Sturmmann* du *SS-Panzer-Regiment 3 « Totenkopf »* portant le *Panzerkampfabzeichen.*

Ci-dessus : l'équipage au complet d'Adolf Suwe devant leur Panzer III durant l'hiver 42/43. Les noms des membres est noté en dessous de la photo.

Ci-contre : Adolf Suwe alors qu'il n'est encore que *Sturmmann* et *Richtschütze* dans le blindé.

Ci-dessus : l'*Unterscharführer* Adolf Suwe à la tourelle de son Panzer III. On notera qu'il ne porte pas la tenue noire des blindés. Les tubes lance-fumigènes sont bien visibles ainsi que le tourelleau du Panzer III.

Un Panzer III de la *Kompanie* d'Adolf Suwe dans sa livrée blanche, attend les futurs combats.

Ci-contre : photo prise alors que le vent souffle sur l'immensité russe noyant le Panzer III du *SS-Panzer-Regiment 3* « *Totenkopf* » dans une brume qui le camoufle mais lui réduit aussi la visibilité.

Ci-dessous : après le combat, lorsque le calme revient quelque peu, il faut penser à nettoyer le char et ses armes. On notera la mitrailleuse sur le sol pour un entretien qui se doit d'être régulier sous peine de problèmes lors des engagements. Devant le blindé, en bras de chemise, l'*Obersturmführer* Lummitsch.

Page précédente, en haut : lors de la formation de nouvelles recrues pour le *Panzer-Regiment « Totenkopf »*, celles-ci sont instruites sur les premiers types de Panzer III, comme ici lors de la formation de Norbert Altmann.

Page précédente, en bas : superbe photo de plusieurs Panzer III du *SS-Panzer-Regiment 3 « Totenkopf »*. Celle-ci nous permet de bien observer les détails du char.

Ci-dessus : le jeune Kurt Sobota, encore simple *Schütze,* vient de recevoir l'*EK II* alors qu'il porte déjà la médaille des blessés et l'insigne de combat de l'Infanterie. Il appartient à l'atelier de réparation du *SS-Panzer-Regiment 3* de la *Totenkopf.*

Ci-dessous : moment de pause et de détente pour l'équipage de ce Panzer III de commandement (voir l'antenne dite « parapluie »). Le camouflage de l'engin est très réussi et les détails du Panzer III sont bien visibles.

Ci-contre : ce Panzer III a reçu un éclat d'obus suffisamment gros pour avoir transpercé le coffre arrière de la tourelle.

Unterscharführer Kurt Arp

1

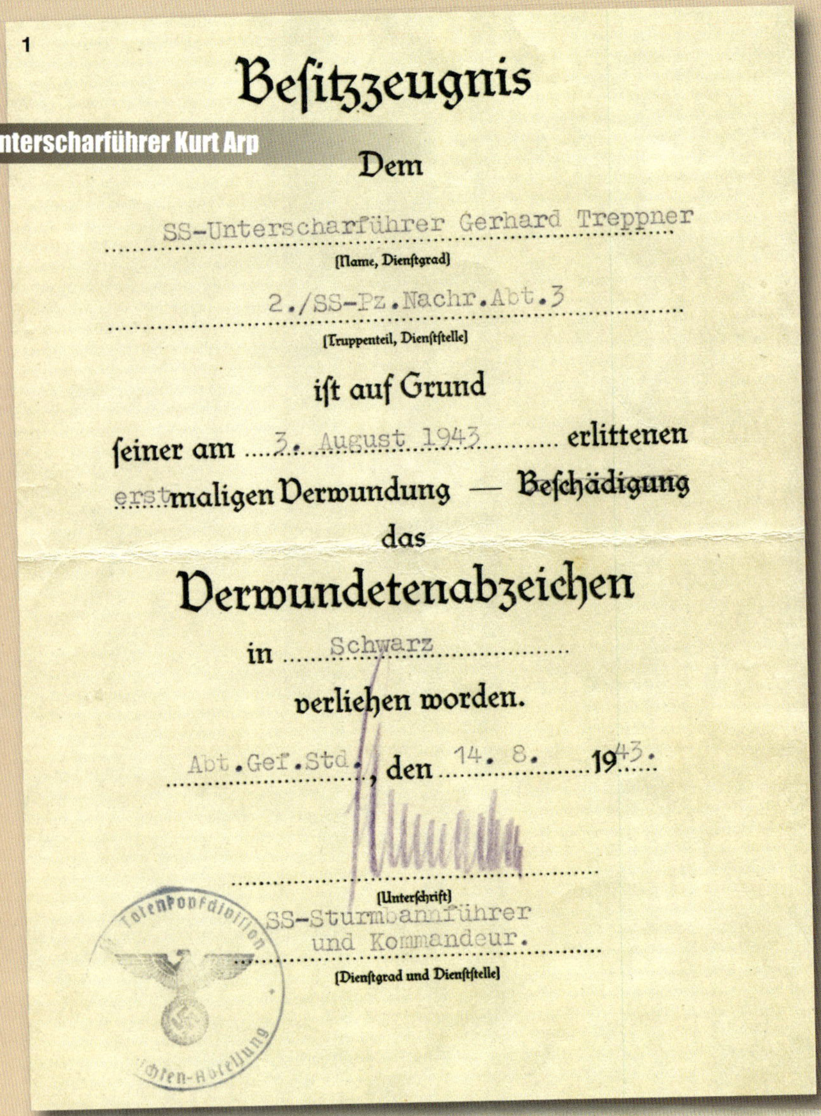

Besitzzeugnis

Dem

SS-Unterscharführer Gerhard Treppner

(Name, Dienstgrad)

2./SS-Pz.Nachr.Abt.3

(Truppenteil, Dienststelle)

ist auf Grund

seiner am 3. August 1943 erlittenen

erstmaligen Verwundung — Beschädigung

das

Verwundetenabzeichen

in Schwarz

verliehen worden.

Abt.Gef.Std., den 14. 8. 1943.

(Unterschrift)

SS-Sturmbannführer und Kommandeur.

(Dienstgrad und Dienststelle)

2

1. Diplôme de la médaille des blessés de l'*Unterscharführer* Treppner de la *SS-Panzer-Nachrichten-Abteilung 3 « Totenkopf »*.

2. Bonne photo de l'*Unterscharführer* Kurt Arp dans sa tenue noire portant la bande de bras *« Totenkopf »*.

3. Photo de l'*Unterscharführer* Kurt Arp portant, outre la bande de bras très lisible, le *Panzerkampfabzeichen* en bronze.

4. Diplôme de médaille KVK 2e classe avec épées attribué à Kurt Arp.

5. Le *Wehrpass* original de Kurt Arp.

6. Pages du *Wehrpass* de Kurt Arp montrant qu'il a reçu le *Panzerkampfabzeichen* en Bronze 1re et 2e échelon.

7. Première page de son *Wehrpass* montrant qu'il fut affecté tout d'abord à l'école des transmissions de Nuremberg.

8. Une autre page notant toutes ses affectations, toutes au sein du *SS-Panzer-Regiment* de la *3. SS-« Totenkopf »*.

9. La feuille avec les divers combats et leurs dates auxquels Kurt Arp a participé.

10. Attribution de décorations à des membres des *Nachrichten* (transmissions) de la *« Totenkopf »*.

11. Recto de la feuille des combats auxquels a participé l'*Unterscharführer* Kurt Arp.

4

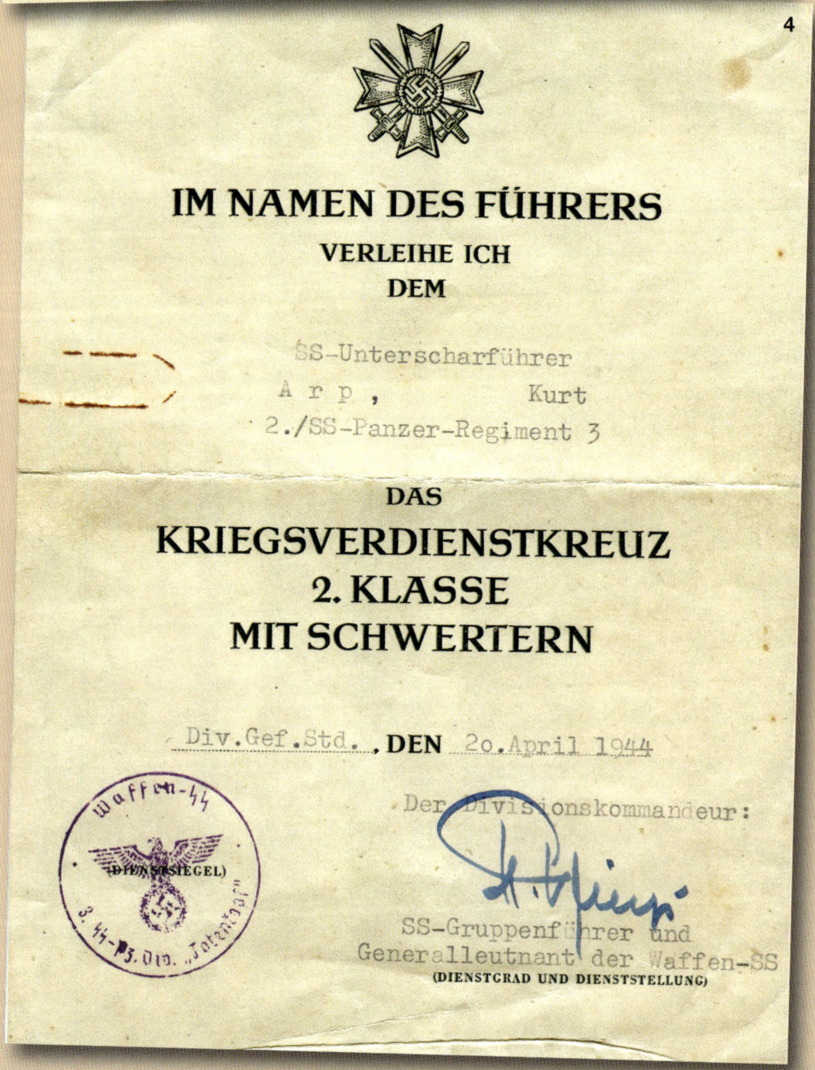

IM NAMEN DES FÜHRERS

VERLEIHE ICH

DEM

SS-Unterscharführer

Arp, Kurt

2./SS-Panzer-Regiment 3

DAS

KRIEGSVERDIENSTKREUZ

2. KLASSE

MIT SCHWERTERN

Div.Gef.Std., DEN 20.April 1944

Der Divisionskommandeur:

SS-Gruppenführer und Generalleutnant der Waffen-SS

(DIENSTGRAD UND DIENSTSTELLUNG)

3

5

6

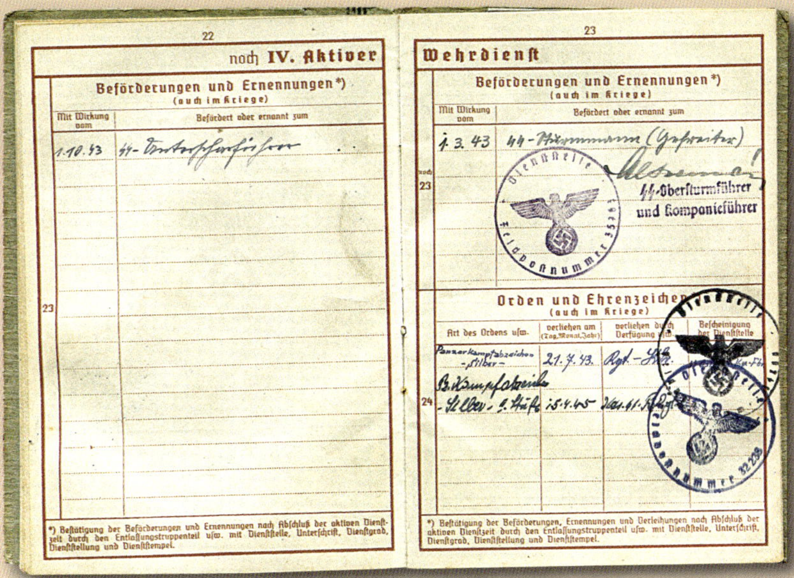
22

noch IV. Aktiver

Beförderungen und Ernennungen*)
(auch im Kriege)

Mit Wirkung vom	Befördert oder ernannt zum
1.10.43	[illegible]

*) Bestätigung der Beförderungen und Ernennungen nach Abschluß der aktiven Dienstzeit durch den Entlassungstruppenteil usw. mit Dienststelle, Unterschrift, Dienstgrad, Dienststellung und Dienststempel.

23

Wehrdienst

Beförderungen und Ernennungen*)
(auch im Kriege)

Mit Wirkung vom	Befördert oder ernannt zum
1.3.43	[illegible] (Gefreiter)

SS-Obersturmführer und Kompanieführer

Orden und Ehrenzeichen
(auch im Kriege)

Art des Ordens usw.	verliehen am (Tag, Monat, Jahr)	verliehen durch Verfügung usw.	Bescheinigung der Dienststelle
Panzerkampfabzeichen -Silber-	21.7.43.	Rgt.-[illegible]	
[illegible]	15.4.45	[illegible]	

*) Bestätigung der Beförderungen, Ernennungen und Verleihungen nach Abschluß der aktiven Dienstzeit durch den Entlassungstruppenteil usw. mit Dienststelle, Unterschrift, Dienstgrad, Dienststellung und Dienststempel.

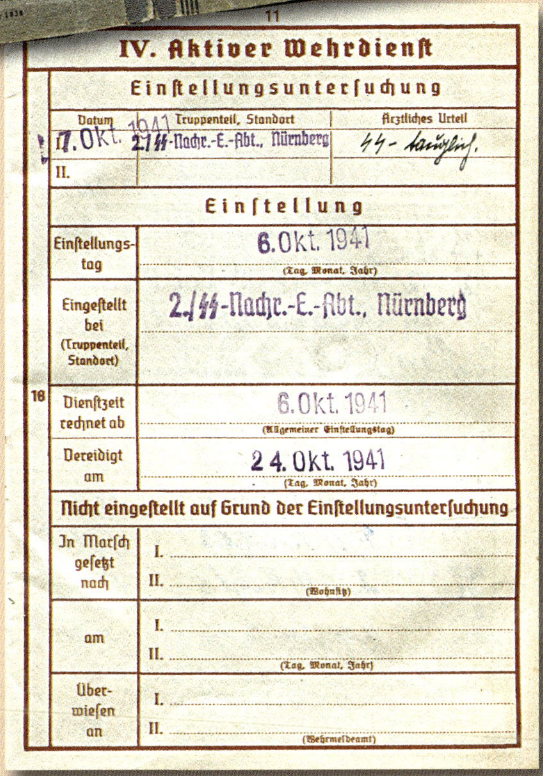
11

IV. Aktiver Wehrdienst

Einstellungsuntersuchung

	Datum	Truppenteil, Standort	Ärztliches Urteil
I.	17.Okt. 1941	2./SS-Nachr.-E.-Abt., Nürnberg	SS-[illegible]
II.			

Einstellung

Einstellungstag	6.Okt. 1941 (Tag, Monat, Jahr)
Eingestellt bei (Truppenteil, Standort)	2./SS-Nachr.-E.-Abt., Nürnberg
Dienstzeit rechnet ab	6.Okt. 1941 (Allgemeiner Einstellungstag)
Vereidigt am	24.Okt. 1941 (Tag, Monat, Jahr)

Nicht eingestellt auf Grund der Einstellungsuntersuchung

In Marsch gesetzt nach	I. … II. … (Wohnort)
am	I. … II. … (Tag, Monat, Jahr)
Überwiesen an	I. … II. … (Wehrmeldeamt)

7

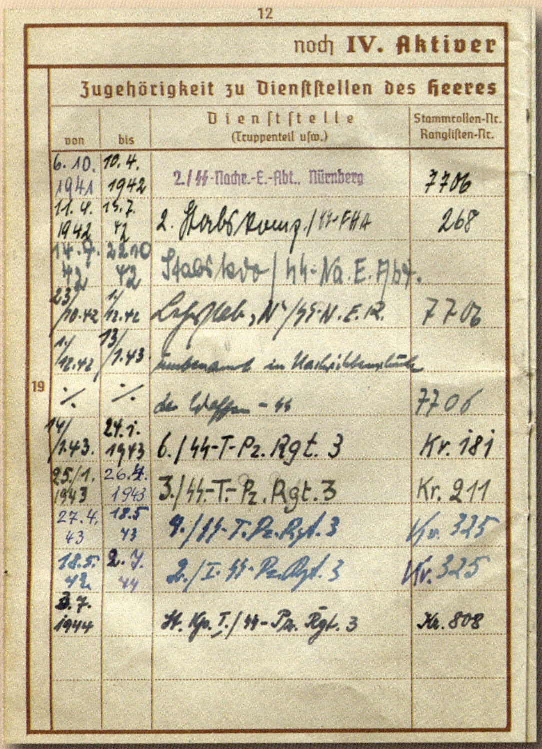
12

noch IV. Aktiver

Zugehörigkeit zu Dienststellen des Heeres

von	bis	Dienststelle (Truppenteil usw.)	Stammrollen-Nr. Ranglisten-Nr.
6.10.1941	10.4.1942	2./SS-Nachr.-E.-Abt., Nürnberg	7706
11.4.1942	15.7.42	2. [illegible] /SS-FHA	268
14.7.42	22.10.42	[illegible] / SS-Na.E.Abt.	
23/10.42	1/12.42	[illegible] /SS-N.E.R.	7706
1/12.42	13/1.43	[illegible]	
·/·	·/·	[illegible] Waffen-SS	7706
14/1.43.	24.1.1943	6./SS-T-Pz.Rgt. 3	Kr. 181
25/1.1943	26.4.1943	3./SS-T-Pz.Rgt.3	Kr. 211
27.4.43	18.5.43	4./SS-T.Pz.Rgt.3	Kr. 325
18.5.43	2.7.44	2./I.SS-Pz.Rgt.3	Kr. 325
3.7.1944		St.Kp.I./SS-Pz.Rgt. 3	Kr. 808

8

10

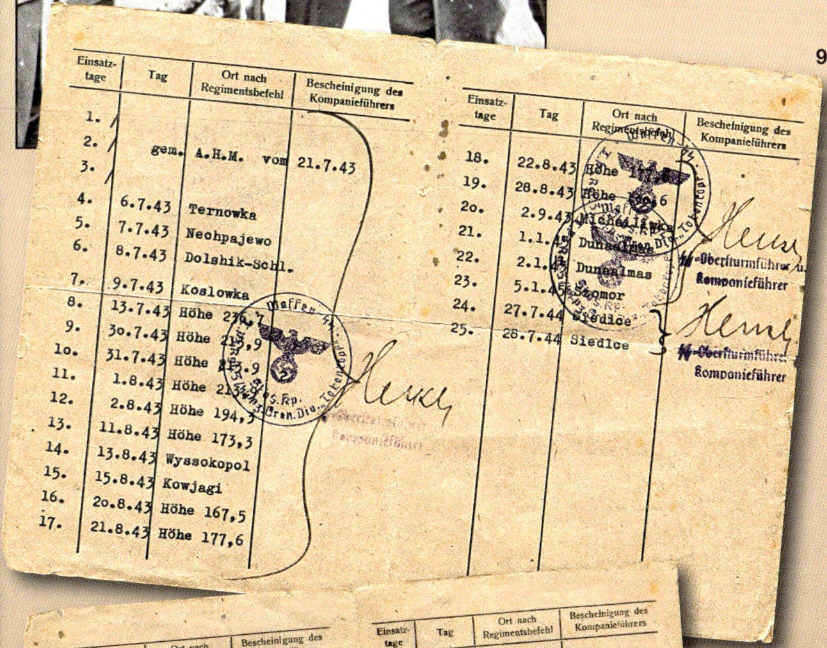

Einsatztage	Tag	Ort nach Regimentsbefehl	Bescheinigung des Kompanieführers
1.			
2.	gem. A.H.M. vom 21.7.43		
3.			
4.	6.7.43	Ternowka	
5.	7.7.43	Nechpajewo	
6.	8.7.43	Dolshik-Schl.	
7.	9.7.43	Koslowka	
8.	13.7.43	Höhe 236,7	
9.	30.7.43	Höhe 213,9	
10.	31.7.43	Höhe 213,9	
11.	1.8.43	Höhe 213,9	
12.	2.8.43	Höhe 194,3	
13.	11.8.43	Höhe 173,3	
14.	13.8.43	Wyssokopol	
15.	15.8.43	Kowjagi	
16.	20.8.43	Höhe 167,5	
17.	21.8.43	Höhe 177,6	

Einsatztage	Tag	Ort nach Regimentsbefehl	Bescheinigung des Kompanieführers
18.	22.8.43	Höhe 177,6	
19.	28.8.43	Höhe 1[illegible],6	
20.	2.9.43	Michailowka	
21.	1.1.45	Dunaalmas	SS-Obersturmführer u. Kompanieführer
22.	2.1.45	Dunaalmas	
23.	5.1.45	Szomor	
24.	27.7.44	Siedlce	SS-Obersturmführer Kompanieführer
25.	28.7.44	Siedlce	

9

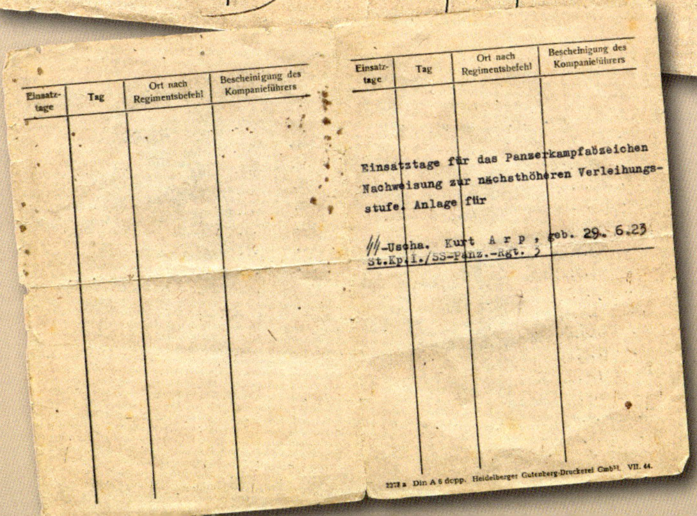

Einsatztage	Tag	Ort nach Regimentsbefehl	Bescheinigung des Kompanieführers

Einsatztage	Tag	Ort nach Regimentsbefehl	Bescheinigung des Kompanieführers

Einsatztage für das Panzerkampfabzeichen
Nachweisung zur nächsthöheren Verleihungsstufe. Anlage für

SS-Uscha. Kurt Arp, geb. 29. 6.23
St.Kp.I./SS-Panz.-Rgt. 3

2278 a Din A 6 dopp. Heidelberger Gutenberg-Druckerei GmbH. VII. 44.

11

Ci-contre : lors des combats dans Charkow, ce *Hauptsturmführer* motre le visage d'un combattant durement engagé dans la ville où de durs combats eurent lieu.

Ci-dessous : un Panzer IV, équipé des *Schürzen,* vient de faire feu.

2e partie
1944-1945 : Les derniers combats

Hongrie - 1945

1. Une colonne du *SS-Panzer-Regiment 3 « Totenkopf »* se faufile dans une toute petite vallée. On aperçoit, derrière le Panzer IV de tête, un Panzer III reconnaissable à son masque de canon.

2. Autre photo montrant les tombes de membres du *SS-Panzer-Regiment 3 « Totenkopf »*.

3. La tête de ce petit cochon fera une bonne pitance pour ce membre du *SS-Panzer-Regiment 3*. La nourriture n'est pas toujours à la hauteur de leurs attentes. Il faut faire avec pour essayer de remplir les ventres affamés.

4. Un Panzer III vu de l'arrière nous permet de voir ce côté de la tourelle avec la caisse permettant à l'équipage d'emporter du matériel et des vêtements supplémentaires.

Page précédente, en haut : un Panzer III franchit un petit raidillon sans trop de problèmes. Il nous montre son masque de canon avec le blindage additionnel.

Page précédente, en bas : autre photo prise au même endroit montrant deux des Panzer III passant ce petit raidillon. A droite, on aperçoit des villageois observant la scène.

En haut : autre vue d'un Panzer II passant le petit raidillon en Russie et faisant suite aux photos précédentes.

Ci-dessus : des chars du *SS-Panzer-Regiment 3 « Totenkopf »* sous un hangar. On remarquera un Panzer III équipé du canon court de 75 mm équipant les premiers Panzer IV.

Ci-contre : autre vue montrant, cette fois, des Panzer IV sous ces hangars.

Ci-dessus, à gauche : trois membres du régiment blindé posent devant leur Panzer IV à canon long disposé sous un hangar.

Ci-contre : les jeunes recrues du régiment de chars s'amusent à se faire prendre en photo perchés sur le canon long de 75 mm équipant les Panzer IV.

Ci-dessous : le Panzer IV numéro 721, donc de la *7. Kompanie* où Fritz Fuchs était affecté, lors de l'opération « *Zitadelle* ».

Ci-dessus : un superbe Panzer IV du *SS-Panzer-Regiment 3* en pleine course. Il ne porte pas de *Schürzen*.

Page suivante, en haut : autre photo, cette fois c'est le char I O1 du chef de régiment du *SS-Panzer-Regiment 3.*

Page suivante, au centre : superbe photo d'un Panzer IV du *SS-Pz.-Rgt. 3 « Totenkopf »* passant un pont. On observe qu'il ne porte plus que les *Schürzen* de tourelle, celles latérales ont dû être perdues. Son glacis ne porte plus non plus que quelques éléments de chenilles, signe qu'il a dû se servir de plusieurs éléments pour réparer celles-ci.

Page suivante, en bas : un groupe de tankistes du *SS-Panzer-Regiment 3 « Totenkopf »*. Notez que plusieurs portent déjà des décorations, dont le *Panzerkampfabzeichen*.

1

2

4

1. Le Panzer III du chef de *Kompanie* d'un des régiments du *SS-Panzer-Regiment 3 « Totenkopf »* avec l'un des membres d'équipage se faisant photographier à ses côtés.

2. L'*Unterscharführer* Ernst Walter Kirsch dans sa tenue noire.

3. L'*Oberscharführer* Steiger et plusieurs de ses hommes du *SS-Panzer-Regiment 3.*

4. Photo dédicacée à l'auteur par le *SS-Schütze* Gunter Fick, à droite, en tenue noire des tankistes et avec sa bande de bras *« Totenkopf »*, photographié avec un camarade de la division *« Das Reich »*.

5. L'*Unterscharführer* A. Suwe avec deux des membres de son panzer.

6. Très intéressante photo d'un *Untersturmführer* du *SS-Panzer-Regiment 3 « Totenkopf »* dans sa tenue réversible, ici en blanc, noter le ceinturon avec la boucle d'officier.

3

5

7

6

7. Deux camarades de Gerhard Treppner appartenant aussi au *SS-Pz.-Regt. 3*. On peut voir que ces *Sturmmänner* sont de « vieux combattants, arborant des rubans de médailles et prouvant qu'ils ont combattu déjà pendant l'hiver 41/42 au sein de la Waffen-SS. A gauche, le *Sturmmann* Albrecht et, à droite, le *Sturmmann* Radke.

8. Un moment de détente avec l'accordéon pour ces jeunes tankistes du *SS-Pz.-Rgt. 3 « Totenkopf »* au cours de l'opération « *Zitadelle* ».

9. Deux de ces hommes qui montrent leur jeune âge et celui de gauche porte déjà les décorations d'un « ancien » ayant connu l'expérience du front.

9

8

1. Plusieurs gradés du régiment blindé lors d'une collation entre deux combats.

2. Lors de cette collation, un *Oberscharführer* et deux sous-officiers (un *Sturmmann* et un *Rottenführer*).

3. Autre tablée avec des *Unterscharführer* et un *Oberscharführer*.

4. L'*Unterscharführer* Siegfried Krüger ayant combattu sur un char Panther du *SS-Panzer-Regiment 3 « Totenkopf »*. Photo prise le 18 octobre 1944. Notez, outre la bande de bras de la division, qu'il porte le badge des combats de Demjansk.

5. Trois membres du *SS-Panzer-Regiment 3 « Totenkopf »* avec, au centre, Harry Körner.

6. Des officiers du *SS-Panzer-Regiment 3* attablés avec des camarades de l'infanterie.

Page ci-contre : très bonne photo de Kurt Söhrmann dans sa combinaison camouflée.

Sturmmann Leopold Jahrstorfer

1

3

4

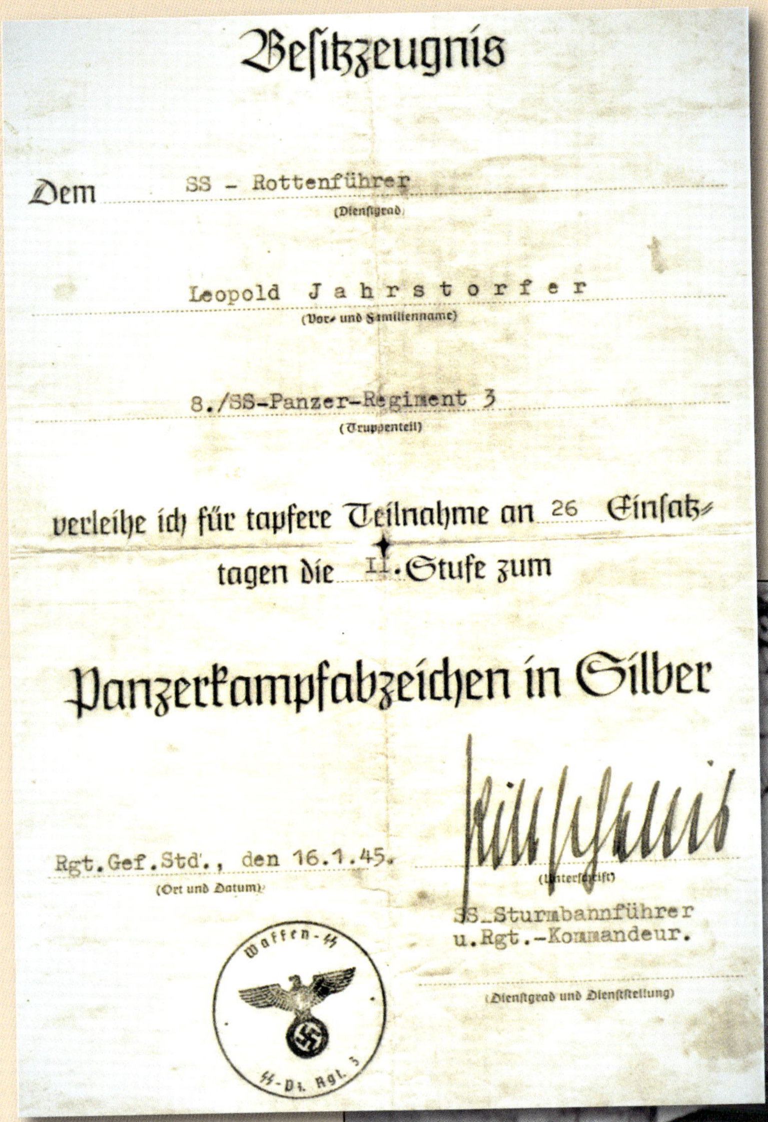

Besitzzeugnis

Dem SS - Rottenführer
(Dienstgrad)

Leopold Jahrstorfer
(Vor- und Familienname)

8./SS-Panzer-Regiment 3
(Truppenteil)

verleihe ich für tapfere Teilnahme an 26 Einsatztagen die II. Stufe zum

Panzerkampfabzeichen in Silber

Rgt.Gef.Std., den 16.1.45.
(Ort und Datum)

(Unterschrift)
SS-Sturmbannführer
u.Rgt.-Kommandeur.
(Dienstgrad und Dienststellung)

2

1. Photo dédicacée au dos de la photo par le *Sturmmann* Leopold Jahrstorfer.

2. Diplôme de *Panzerkampfabzeichen II. Stufe* en Argent pour 26 journées de combats de Leopold Jahrstorfer, il appartenait à la *8. Kpie* du *SS-Pz.-Regt. 3.*

3. Photo de Léoplod Jahrstorfer en tenue noire mais casqué.

4. Autre photo de Leopold Jahrstorfer mais avec le *Panzerkampfabzeichen.*

5. Le *Sturmmann* Leopold Jahrstorfer montant une moto civile.

5

2

4

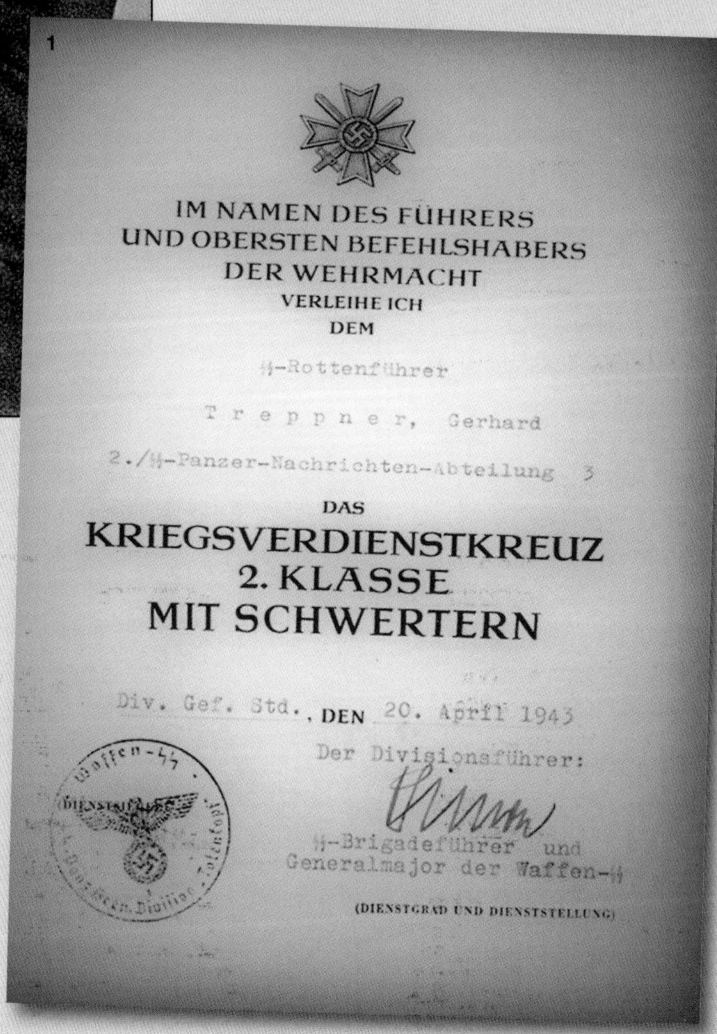

1

IM NAMEN DES FÜHRERS
UND OBERSTEN BEFEHLSHABERS
DER WEHRMACHT
VERLEIHE ICH
DEM

ϟϟ-Rottenführer

T r e p p n e r, Gerhard

2./ϟϟ-Panzer-Nachrichten-Abteilung 3

DAS

KRIEGSVERDIENSTKREUZ
2. KLASSE
MIT SCHWERTERN

Div. Gef. Std., DEN 20. April 1943

Der Divisionsführer:

ϟϟ-Brigadeführer und
Generalmajor der Waffen-ϟϟ

(DIENSTGRAD UND DIENSTSTELLUNG)

1. Diplôme de KVK 2e Klasse avec épées pour le *Rottenführer* Gerhard Treppner de la *2. Kpie* de la *SS-Panzer-Nachrichten-Abteilung 3.*

2. Très bonne photo du *Rottenführer* Gerhard Treppner dans sa tenue noire portant la bande de bras de sa division très lisible et avec le ruban de la KVK 2. Kl.

3. Diplôme de l'EK II appartenant à Gerhard Treppner.

4. Photo de Gerhard Treppner en *Unterscharführer*

.

5. Diplôme pour la médaille des blessés en noir de Gerhard Treppner .

6. Le *Rottenführer* G. Treppner derrière l'un des véhicules de l'unité.

7. Autre photo de Gerhard Treppner dans sa tenue noire.

7

6

3

IM NAMEN DES FÜHRERS
UND OBERSTEN BEFEHLSHABERS
DER WEHRMACHT
VERLEIHE ICH
DEM

SS-Unterscharführer

Treppner, Gerhard

2./SS-Pz.Nachr.Abt. 3

DAS

EISERNE KREUZ
2. KLASSE

Div.Gef.Std. , 20. August 19 43

Der Divisionskommandeur
i.V.

SS-Brigadeführer u.
Generalmajor der Waffen-SS

(DIENSTGRAD UND DIENSTSTELLUNG)

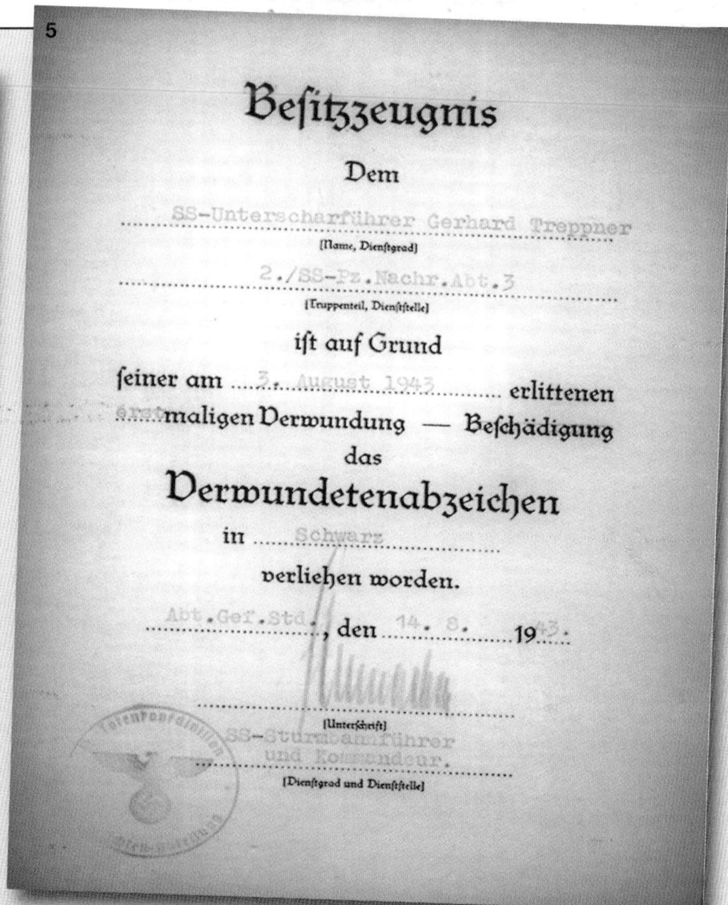

5

Besitzzeugnis

Dem

SS-Unterscharführer Gerhard Treppner
(Name, Dienstgrad)

2./SS-Pz.Nachr.Abt.3
(Truppenteil, Dienststelle)

ist auf Grund

seiner am 3. August 1943 erlittenen
erstmaligen Verwundung — Beschädigung
das

Verwundetenabzeichen

in Schwarz

verliehen worden.

Abt.Gef.Std., den 14. 8. 1943.

(Unterschrift)

SS-Sturmbannführer
und Kommandeur.
(Dienstgrad und Dienststelle)

1

2

3

5

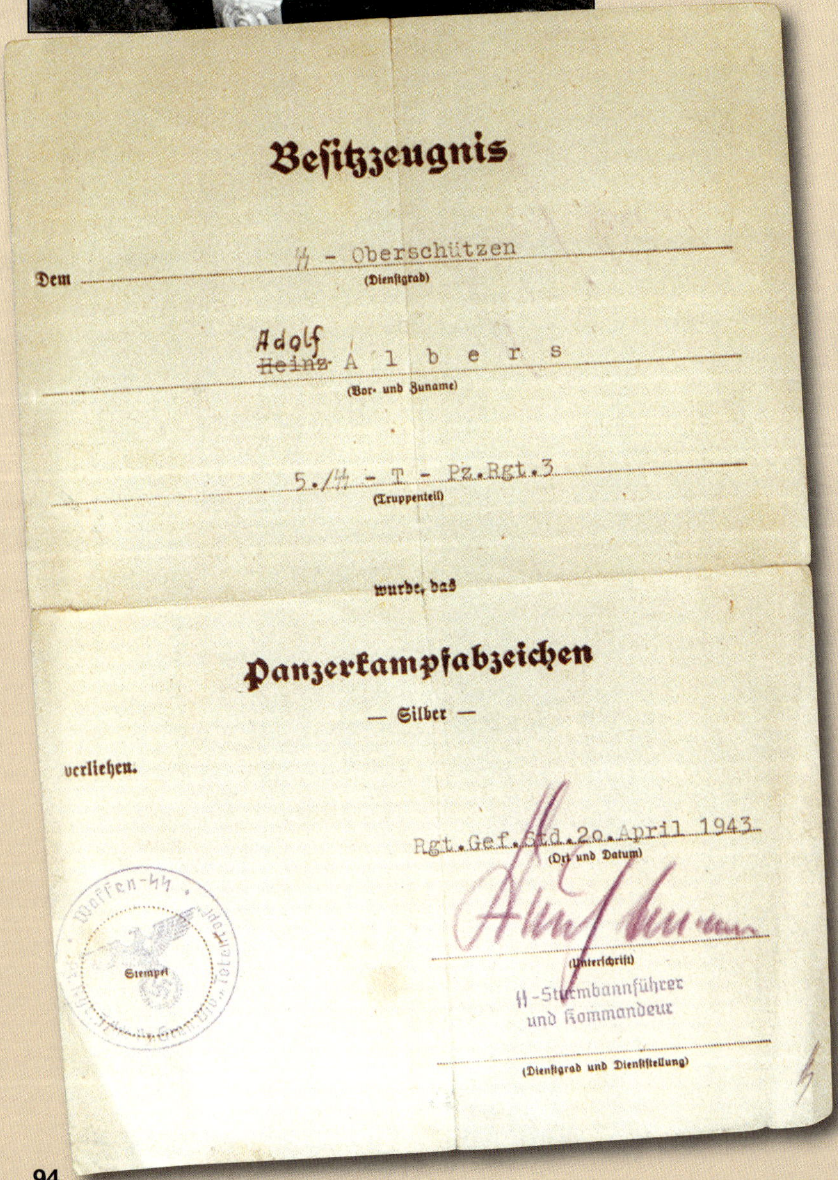

Besitzzeugnis

Dem SS - Oberschützen
(Dienstgrad)

Adolf ~~Heinz~~ A l b e r s
(Vor- und Zuname)

5./SS - T - Pz.Rgt.3
(Truppenteil)

wurde das

Panzerkampfabzeichen

— Silber —

verliehen.

Rgt.Gef.Std.2o.April 1943
(Ort und Datum)

(Unterschrift)

SS-Sturmbannführer
und Kommandeur

(Dienstgrad und Dienststellung)

Stempel

4

1. Photo du jeune *SS-Schütze* Adolf Albers de la *5. Kompanie* du *SS-Pz.-Rgt. 3 « Totenkopf »*.

2. Photo du *Soldbuch* d'Adolf Albers, ici en tant que *Schütze,* avec la tête de mort au col.

3. Photo du *Sturmmann* Adolf Albers dans sa tenue noire de tankiste.

6

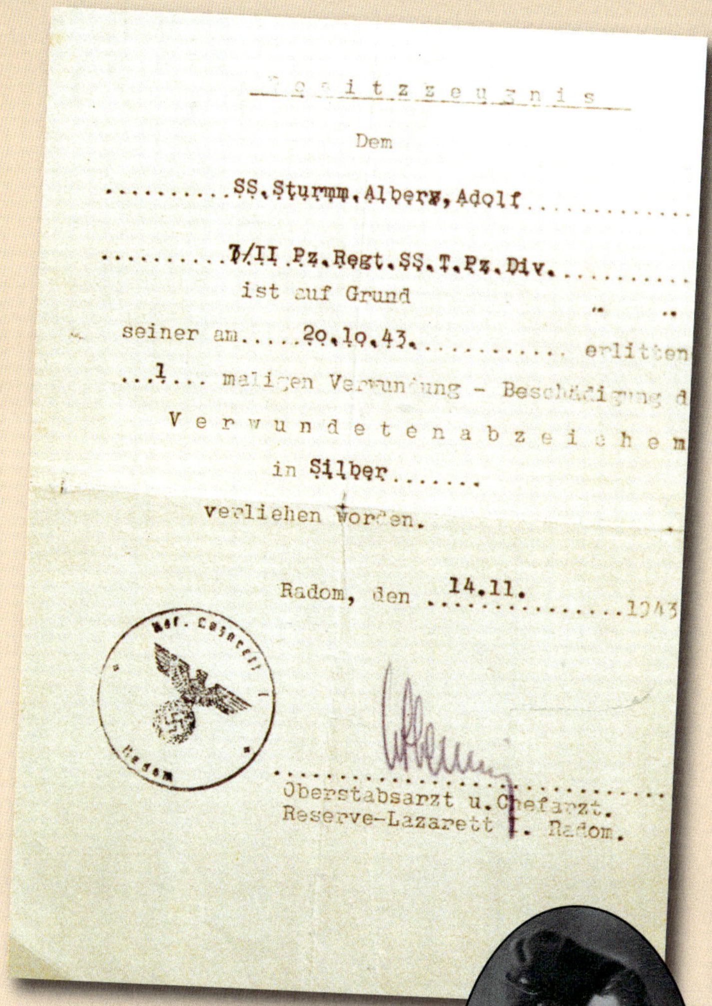

Besitzzeugnis

Dem

SS.Sturmm.Albers,Adolf

7/II Pz.Regt.SS.T.Pz.Div.

ist auf Grund

seiner am 20.10.43. erlitten

1 maligen Verwundung - Beschädigung d

Verwundetenabzeichen

in Silber

verliehen worden.

Radom, den 14.11. 1943

Oberstabsarzt u. Chefarzt.
Reserve-Lazarett I. Radom.

7

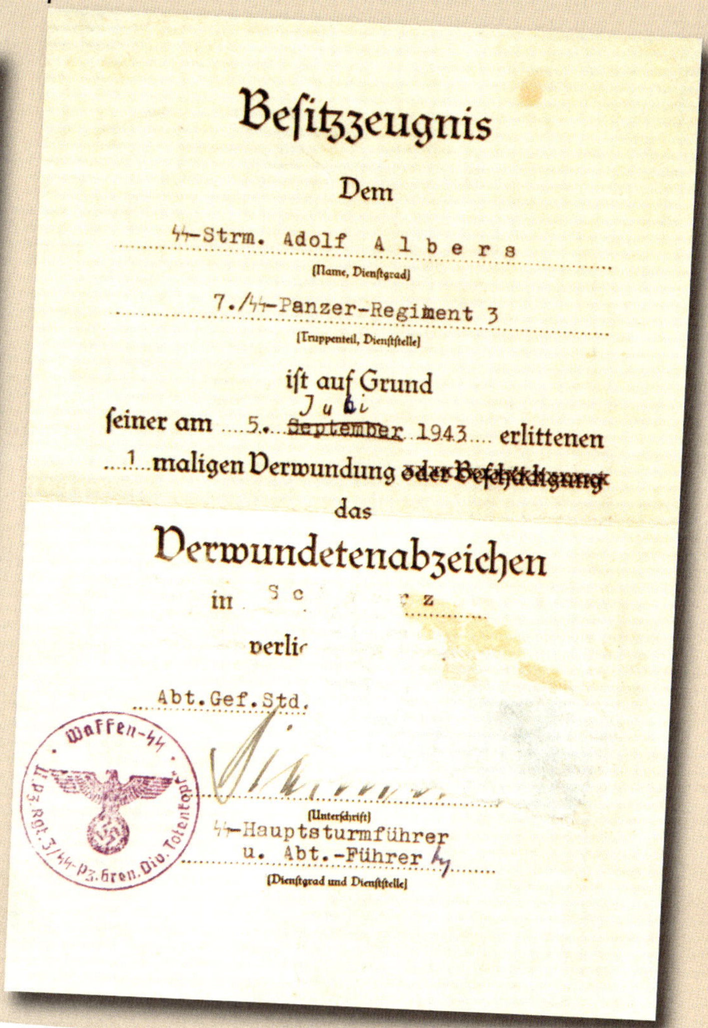

Besitzzeugnis

Dem

SS-Strm. Adolf Albers

(Name, Dienstgrad)

7./SS-Panzer-Regiment 3

(Truppenteil, Dienststelle)

ist auf Grund

seiner am 5. ~~September~~ Juli 1943 erlittenen

1 maligen Verwundung ~~oder Beschädigung~~

das

Verwundetenabzeichen

in Schwarz

verliehen

Abt.Gef.Std.

(Unterschrift)

SS-Hauptsturmführer
u. Abt.-Führer

(Dienstgrad und Dienststelle)

10

8

O.U., den 28. Juli 1943

An den
SS - Oberschützen
Adolf Albers
geb. 20.1.24

Ich ~~befördere~~ ernenne Sie zum SS - Sturmmann

Tag der ~~Beförderung~~ Ernennung ist der 1. August 1943

SS - Obersturmführer
und Kompanie-Führer.

9

4. Sur cette autre photo d'Adolf Albers, on notera le *Panzerkampfabzeichen* ainsi que la médaille des blessés en argent.

5. Diplôme de *Panzerkampfabzeichen* attribué à l'*Oberschütze* Adolf Albers de la *5. Kpie* du *SS-Pz.-Rgt. 3.*

6. Document original attribuant la médaille des blessés en Argent au *Sturmmann* Adolf Albers alors qu'il fait partie maintenant de la *7. Kompanie* de la *II. Abteilung* du *SS-Pz.-Rgt. 3 « Totenkopf »*.

7. Diplôme de la médaille des blessés noire attribuée à Adolf Albers.

8. Document original du passage de grade d'*Oberschütze* à celui de *Sturmmann* d'Adolf Albers appartenant à la *7. Kpie* du *SS-Pz-Rgt. 3 « Totenkopf »*.

9. Alors qu'il est à la *5. Kompanie,* Adolf Albers a un très bon camarade, Oskar Katzer, ici devant son Panzer III.

10. Autre photo d'Oskar Katzer.

1

2

6

3

4

1. Un gros KV I détruit et abandonné par les Russes qu'inspectent des membres de la Division « *Totenkopf* ».

2. Très bonne photo d'un *Unterscharführer* et chef de char du *SS-Panzer-Regiment 3* « *Totenkopf* » à la tourelle de son engin. On aperçoit les fils de son microphone lui permettant de communiquer avec les autres membres du char.

3. Très belle photo d'une colonne de Panzer III du régiment blindé de la *Totenkopf* passant dans une forêt près de Kolontajew. On distingue très bien les éléments additionnels de blindage de ce modèle ainsi que les trois barres désignant la « *Totenkopf* » pour cette offensive.

4. Bien que fortement dégradée, cette photo nous montre un Panzer III de la *Totenkopf* lors de l'opération « *Zitadelle* ».

5. Photo du Panzer III de Fritz Fuchs que l'on peut identifier grâce au tourelleau et à la porte latérale de la tourelle.

6. Autre vue intéressante de l'arrière d'un Panzer III du Régiment blindé de la *Totenkopf*. On aperçoit des bidons d'essence servant à ravitailler, et donc donner plus d'autonomie au char. A gauche, Jules Sach et, à droite, Lindemann.

5

Ci-dessus : photo du char R 21 de la *Totenkopf* pendant une pause entre deux combats. On voit nettement que l'équipage a déjà le stress du combat et qu'une pause est plus que nécessaire.

Ci-contre : très bonne photo d'un autre membre du régiment blindé de la «*Totenkopf*» Werner Söldner, dont plusieurs photos se retrouvent dans cet ouvrage.

Ci-dessous : un groupe de tankistes du *SS-Panzer-Regiment 3 « Totenkopf »* se fait photographier lors d'une permission.

Page suivante, en haut : trois Panzer IV de la *7. Kompanie,* un équipage étant en train de faire des réparations sur l'un des chars et de remplir les réservoirs d'essence. On aperçoit d'ailleurs un bidon. Notez que tous ne portent pas des *Schürzen*.

Page suivante, en bas : un Panzer IV dans une forêt. Il a revêtu sa livrée blanche et porte les *Schürzen* latérales et deux sur la tourelle.

1. Magnifique photo de face d'un Panzer III de la division « *Totenkopf* », nous permettant d'observer le blindage additionnel de ce modèle.

2. Un Panzer III de la «*Totenkopf*» lors de l'opération « *Zitadelle* ». Il porte les trois barres de l'unité pour cette opération (on en aperçoit 2). Il porte 9 cercles de victoire sur le canon.

3. Des membres du *SS-Panzer-Regiment 3* « *Totenkopf* » s'adonnant à quelques jeux en attendant les combats. Les jeunes ont besoin de se défouler pour éliminer le stress du combat. Au premier plan, le *SS-Schütze* Guthausen.

4. Des hommes du régiment blindé de la « *Totenkopf* » nettoient le canon long de 75 mm de leur Panzer IV. Apparemment, soit ce sont des hommes de l'atelier de réparation, soit d'autres tankistes qui manient l'écouvillon pour entretenir l'âme du canon.

5. Photo d'Alwin Runge, à gauche, avec le grade d'*Unterscharführer* et un camarade de sa *6. Kompanie*. On aperçoit le *Panzerkampfabzeichen* en Argent, la médaille des blessés et le ruban de l'EK II.

6. Diplôme de *Panzerkampfabzeichen* de l'*Oberschütze* Alwin Runge qu'il reçut en 1943.

1

2

5

3

6

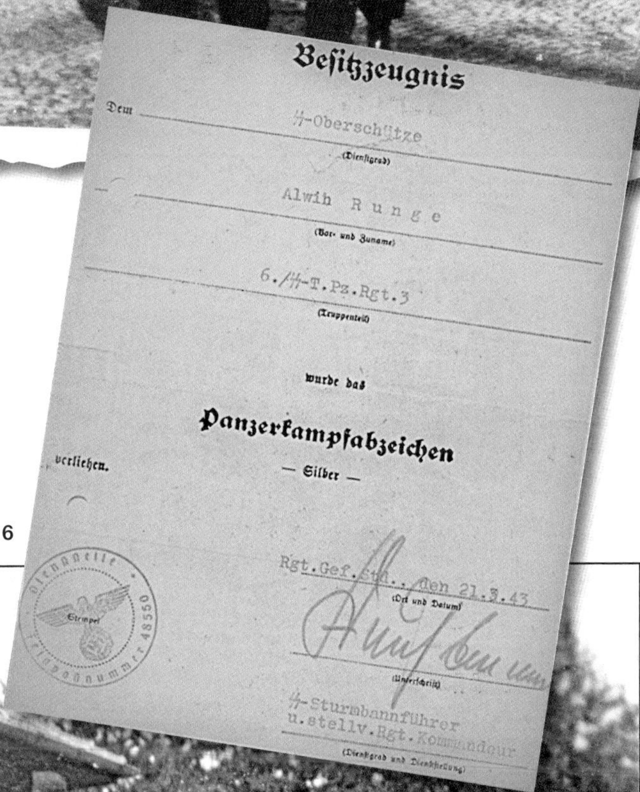

Besitzzeugnis

Dem ϟϟ-Oberschütze

(Dienstgrad)

Alwih Runge

(Vor- und Zuname)

6./ϟϟ-T.Pz.Rgt.3

(Truppenteil)

wurde das

Panzerkampfabzeichen

— Silber —

verliehen.

Rgt.Gef.Std., den 21.3.43

(Ort und Datum)

(Unterschrift)

ϟϟ-Sturmbannführer
u.stellv.Rgt.Kommandeur

(Dienstgrad und Dienststellung)

4

1. L'équipage de ce Panzer III en tenue camouflée est en train de nettoyer, semble-t-il, le canon de leur engin. Celui-ci est à couvert avec de nombreux arbres et arbustes autour pour le camoufler.

2. Des membres du *SS-Panzer-Regiment 3* de la *Totenkopf* à l'abri d'une isba.

3. Faire part de décès d'un *Oberschütze* du *SS- Panzer-Regiment 3 « Totenkopf »*. Il porte la tête de mort au col. Il est porté disparu depuis le 21 mars 1944.

4. Photo du *Sturmmann* Rudolf Pufe portant sur sa tenue noire de tankiste, le *Panzerkampfabzeichen.*

5. Rudi Pufe avec sa « fiancée » ou plutôt sa marraine de guerre.

1

2

6

3

Wir wollen auch im
Gebete
gedenken unseres zweiten Sohnes, über
dessen Schicksal wir noch im
Ungewissen sind:

Johann Mitterbauer

Oberschütze im Stabe eines Panzerregiments

geboren am 4. Dezember 1923
vermißt bei den Abwehrkämpfen im
Osten, im Raume Golta-Perwomeisk,
seit 21. März 1944.

Weilt er noch unter den Lebenden, dann
möge unser Gott im Trost und Stärke sein.

Hat er sein Leben aber bereits in die Hände
Gottes zurückgegeben, dann möge der Herr
ihm den ewigen Frieden schenken.

4

5

7

6. Le chef de la *5. Kompanie* à la tourelle de son char de commandement Panzer III numéro 555. Il s'agit du *Hauptsturmführer* Wilhelm Flohr qui sera tué le 30 juillet 1943. On notera les *Schürzen*.

7. L'*Untersturmführer* Kwarinski et l'*Oberscharführer* Ratzayzak.

8. Le même officier mais à Charkow en 1942.

8

2

1

3

4

5

1. Deux officiers du régiment de panzers de la « *Totenkopf* » en discussion avec un officier (un *Obersturmführer*) d'un régiment d'infanterie de la division.

2. Lors d'une halte dans une ville roumaine, Bucan ou Bucau, ces hommes de la Division « *Totenkopf* » prennent du bon temps dans un petit parc. Deux d'entre eux font partie du *Panzer-Regiment,* à l'extrême droite, le *Sturmmann* Adolf Wilke.

3. Le *Rottenführer* Johannson du *SS-Panzer-Regiment 3* dans sa tenue noire et portant de nombreuses décorations dont l'*Infanterie-Sturmabzeichen,* témoignant qu'il a combattu auparavant dans un régiment d'infanterie de la division, à côté du *Panzerkampfabzeichen.*

6

8

7

9

4. Un jeune *Sturmmann* de la *Nachrichten-Panzer-Abteilung* de la *Totenkopf* pose pour une photo souvenir avec ses parents. Il porte l'éclair propre aux troupes des transmissions *(Nachrichten).*

5. Très bonne photo de l'*Unterscharführer* Stettner.

6. Photo d'un *Hauptscharführer* du régiment de chars portant de nombreuses décorations dont l'EK I ainsi que le losange de la Jeunesse Hitlérienne. Il porte la tête de mort au col.

7. Karl Heinz Lorenz en tenue noire et portant le *Panzerkampfabzeichen*. Il porte également le ruban de l'EK II et les têtes de mort de la division au col.

8. Un Panzer IV revêtu de la zimmerit est en réparation. Des membres de la *Werkstatt* (l'atelier de réparation et d'entretien) sont à l'œuvre sur le moteur dont les trappes sont grandes ouvertes.

9. Photo souvenir dans un petit hôpital *(Lazarett)* de plusieurs patients dont un *Rottenführer* du régiment blindé de la *Totenkopf* ; il porte la bande de bras et plusieurs décorations ou ruban de décorations.

1

Unterscharführer Ernst Walter Kirsch

3

SS

Schirrmeister-K

Der SS-Rottf. Kirsch Ernst
geb. 21.10.21 in Fürstenstein
hat die Prüfung als
Schirrmeister-K
bestanden

Wien, den 28.5.1942

Der Kommandeur
der Kraftfahrtechnischen Lehranstalt der SS

SS-Standartenführer

WER LEBEN WILL DER KÄMPFE ALSO UND WER NICHT STREITEN WILL IN DIESER WELT DES EWIGEN RINGENS VERDIENT DAS LEBEN NICHT

2

4

7

6

5

1. Photo du *Soldbuch* d'Ernst Walter Kirsch prise lors de son incorporation à la Division « *Totenkopf* ».

2. Photo casquée d'Ernst Walter Kirsch, ici *Sturmmann*.

3. Ernst Walter Kirsch a subi un stage de perfectionnement de mécanicien pour les chars. Ici son diplôme reçu à Vienne.

4. Ernst Walter Kirsch (sous la petite croix) sur son Panther transporté par wagon vers le front.

5. Très bonne photo de l'*Unterscharführer* Ernst Walter Kirsch dans sa tenue noire, pistolet au ceinturon.

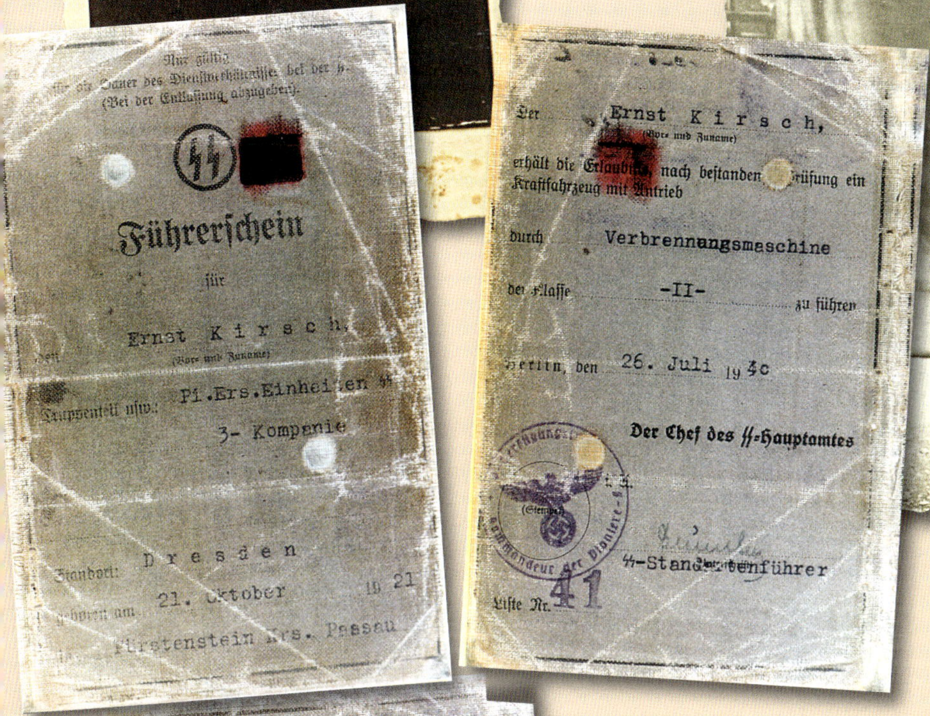

Nur gültig für die Dauer des Dienstverhältnisses bei der ##. (Bei der Entlassung abzugeben.)

Führerschein

für

Ernst Kirsch

(Vor- und Zuname)

Truppenteil usw.: Pi.Ers.Einheiten ## 3- Kompanie

Standort: Dresden

geboren am 21. Oktober 19 21

in Fürstenstein Krs. Passau

Der Ernst Kirsch,

(Vor- und Zuname)

erhält die Erlaubnis nach bestandener Prüfung ein Kraftfahrzeug mit Antrieb

durch Verbrennungsmaschine

der Klasse -II- zu führen

Berlin, den 26. Juli 19 40

Der Chef des ##-Hauptamtes

i. A.

##-Standartenführer

Liste Nr. 41

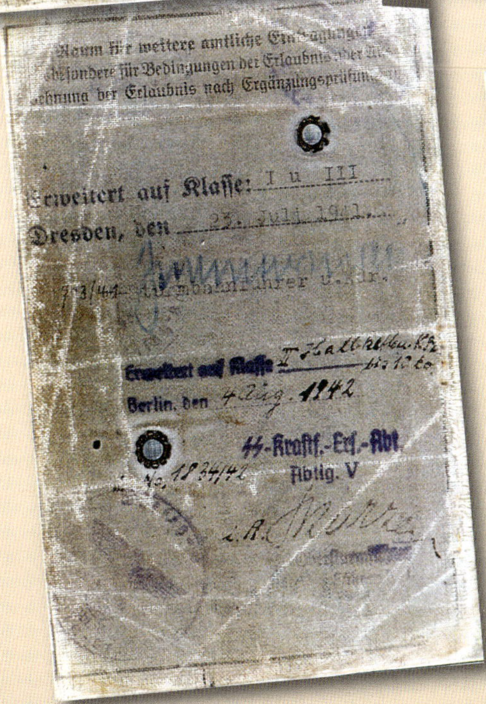

Raum für weitere amtliche Eintragungen (besondere für Bedingungen der Erlaubnis, über die Ausdehnung der Erlaubnis nach Ergänzungsprüfung)

Erweitert auf Klasse: I u III

Dresden, den 22. Juli 1941

Erweitert auf Klasse II Halbkettenfz. bis 10 to

Berlin, den 4. Aug. 1942

##-Kraftf.-Ers.-Abt.

Abtlg. V

8

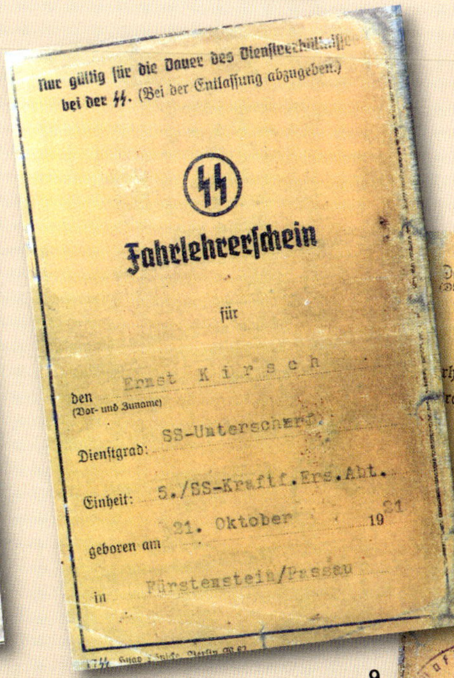

Nur gültig für die Dauer des Dienstverhältnisses bei der ##. (Bei der Entlassung abzugeben.)

Fahrlehrerschein

für

den Ernst Kirsch

(Vor- und Zuname)

Dienstgrad: SS-Unterscharf.

Einheit: 5./SS-Kraftf.Ers.Abt.

geboren am 21. Oktober 19 21

in Fürstenstein/Passau

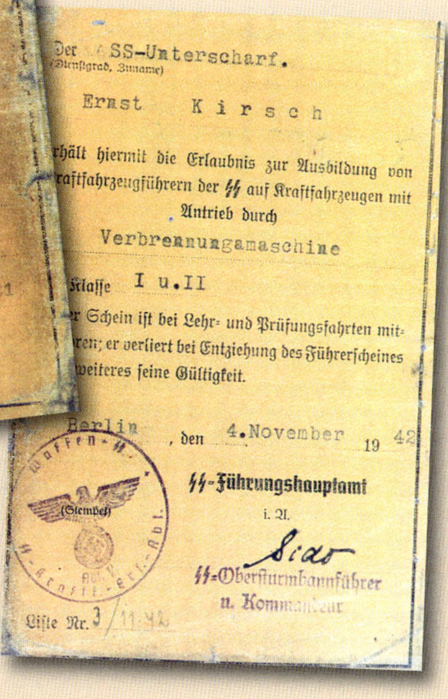

Der SS-Unterscharf.

(Dienstgrad, Zuname)

Ernst Kirsch

erhält hiermit die Erlaubnis zur Ausbildung von Kraftfahrzeugführern der ## auf Kraftfahrzeugen mit Antrieb durch

Verbrennungsmaschine

Klasse I u.II

Der Schein ist bei Lehr- und Prüfungsfahrten mitzuführen; er verliert bei Entziehung des Führerscheines ohne weiteres seine Gültigkeit.

Berlin, den 4.November 19 42

##-Führungshauptamt

i. A.

##-Obersturmbannführer u. Kommandeur

Liste Nr. 3/11.42

9

6. Photo de l'*Unterscharführer* Ernst Walter Kirsch.

7. Photo avec le grade d'*Oberscharführer* (dernier grade) d'Ernst Walter Kirsch. On voit que son visage a été marqué par l'âpreté des combats.

8. Rare document : trois volets du permis de conduire attribué par la Waffen-SS à Ernst Walter Kirsch alors qu'il faisait un stage à l'école de pionniers de Dresde. Il peut désormais conduire les véhicules semi-chenillés et chenillés.

9. Rare document de permis d'instruire à la conduite de véhicules semi-chenillés appartenant à Ernst Walter Kirsch.

1

6

3

2

1. Un Panzer IV du *SS-Panzer-Regiment 3 « Totenkopf »* est ravitaillé. Il porte les *Schürzen* de tourelle comme le prouve la photo. Notez également la Zimmerit qui le couvre en partie.

2. Une colonne de Panther de la *Panzer-Abteilung* du *SS-Pz.-Rgt. 3 Totenkopf* passe à côté de charrettes de civils fuyant les combats.

3. Photo endommagée mais montrant bien un char Panther de la division *Totenkopf* en plein mouvement et dégageant de la poussière.

4. Autre colonne de chars Pz V Panther du *SS- Panzer-Regiment 3 « Totenkopf »* sur le front russe.

5. Char Panther de la *4. Kompanie* abandonné sur le champ de bataille suite à un problème moteur et sabordé avant d'être abandonné.

6. Photo originale de Harry Körner dédicacée à l'auteur. La photo a été prise en France, certainement à Sedan, comme en témoigne le monument derrière lui.

7. Très nette photo d'un Panzer III du *SS-Pz- Rgt 3 «Totenkopf»* avec le chef de char à la tourelle et notez la tête de mort, emblème de la division à l'arrière du véhicule.

1. Les membres de l'équipage de ce char Panzer III ont chaud car l'été est présent et, à l'intérieur du char la température monte encore avec celle du moteur et en cas de combat, les odeurs sont très présentes.

2. Le même char, dont un des membres de l'équipage manie l'écouvillon pour nettoyer le canon de 5 cm de l'engin. Tâche importante si l'équipage veut avoir l'armement principal toujours prêt au tir.

3. Photo d'un *Rottenführer* du *SS-Panzer-Regiment 3* dans sa tenue noire avec de nombreuses décorations et,

sur le bras, l'insigne de chauffeur de camion au-dessus de la bande de bras.

4. Autre photo d'un Panzer III de la *3. SS-Panzer- Division* avec plusieurs réservoirs d'essence sur l'arrière pour augmenter son autonomie.

5. Ce Panzer III nous montre son train de roulement très boueux, signe que l'automne a déjà transformé les routes et les champs. L'équipage a sorti des caisses et certainement fait un peu le ménage à l'intérieur du véhicule. Notez les *Schürzen* de tourelle.

6. Pour ces membres d'équipage de chars, le temps est à la cuisson d'un porcelet afin de remplir les ventres affamés car le ravitaillement n'est pas toujours là à temps.

7. Superbe vue d'un Panzer III armé du canon de 75 mm court du Panzer IV premier modèle. Sur la gauche, un camion Opel Blitz.

8

5

9

6

7

8. Les Panther du *SS-Panzer-Regiment 3 « Totenkopf »* arrivant à l'Est pour l'opération *« Zitadelle »*.

9. Un *Unterscharführer* de l'état-major de la *I. Abteilung* portant le ruban de l'EK II.

1

Stukas, Artillerie und Granatwerfer
haben die Erde aufgerissen. SS-Panzergrenadiere und Panzer stoßen über das Trichterfeld zum Angriff auf eine von den Bolschewisten besetzte Ortschaft vor

SS-Totenkopf-Panzergrenadiere

Die SS-Totenkopf-Panzergrenadiere, die sich vor allem in den Kämpfen um Demjansk im Norden der Ostfront mit größter Tapferkeit schlugen, wurden jüngst im OKW-Bericht wegen ihres heldenmütigen Einsatzes in den Kämpfen im Raum von Charkow erwähnt. Unser Bildbericht zeigt Ausschnitte aus diesen Kämpfen

Nahe dem Dorfrand
Noch hämmern Artillerie und Stukas auf die Stellungen des Gegners ein. Der Widerstand der Bolschewisten hat sich verstärkt. Der Befehl zum Eingraben ist durchgegeben worden

Härte, Entschlossenheit und ungebrochener Angriffsgeist
spiegeln sich im Gesicht des Grenadiers. Er ist gewohnt, auch aussichtslos erscheinende Situationen doch noch zu meistern

SS-PK-Aufnahmen: Kriegsberichter Adendorf

5

2

Seite 472 Münchner Jllustrierte Presse

Auf dem Marsch in die Gefangenschaft
Bolschewisten, die bei einem der energisch geführten deutschen Gegenstöße abgeschnitten und dabei gefangen genommen wurden. Sie marschieren in ein Auffanglager

Ein bolschewistisches Sturmgeschütz,
das unseren SS-Panzergrenadieren völlig intakt in die Hände fiel. Eingehend wird der Kampfwagen untersucht. Hier hat die Zieleinrichtung ihre besondere Aufmerksamkeit erreg[t]

Alle Mann, hauruck!
Ein Schwimmwagen ist stecken geblieben. In kürzester Zeit muß er wieder flott gemacht werden

Aus der Abwehrschlacht

Vorbildlich getarnt!
Hinter dieser Strohmauer hat sich ein „Tiger" verborgen. Nur das Geschützrohr ist zu erkennen und der Beobachter am Turmluck, der das Gelände nach feindlichen Stellungen absucht (rechtes Bild)

PK-Aufnahmen: SS-Kriegsberichter Adendorf

4

3

7

6

8

1 et 2. Deux pages de la *Münchener Illustrierte Presse* évoquant la *Panzer-Division « Totenkopf »* lors de l'opération « *Zitadelle* ».

3. Vue latérale d'un Panzer III dont deux membres sont assis à l'arrière sur la caisse additionnelle, les portes latérales de la tourelle étant ouvertes.

4. Les membres d'équipage d'un char de la *3. SS-Panzer-Division Totenkopf* prennent le frais en fumant une cigarette.

5. L'*Unterscharführer* Adolf Suwe dans sa tenue noire portant ses décorations.

6. Très belle photo du Panzer V Panther de l'*Unterscharführer* Kurt Arp.

7. Deux convois ferrés emmènent vers le front, à gauche, des Panther et, à droite, des Tiger de la *3. SS-Panzer-Division «Totenkopf»*.

8. Autre vue des deux convois, Panther et Tiger de la compagnie lourde de la *3. SS-Panzer-Division «Totenkopf»*.

1. Le char 502 en sécurité dans le Sud de l'Ukraine. De gauche à droite : Le pointeur Werner Söldner, le chauffeur, Heinz Jochum, le *Funker* (radio), Reiser. La photo a été prise en août 1943 sur le Front du Mius.

2. Werner Söldner a écrit au dos de la photo originale : « *aussi tranquille ne fut pas toujours le cas !* ». Son Panzer III 502 de la *5. Kompanie* à Merefa, en Ukraine, en août 1943.

3. Autre Panzer III, cette fois de la *2. Kompanie,* Nr 223, d'un camarade de Werner Söldner. Le Panzer III porte le canon de 5 cm, pèse 23 tonnes et a une vitesse maximum de 60 km/h poussé par son moteur Maybach de 12 cylindres.

4. Cette photo est datée de juin 1943 et montre l'équipage d'un Panzer

5. L'*Oberscharführer* Gumbel, qui porte le ruban de l'EK II, et celui de l'hiver 41/42, on voit également l'insigne de la HJ et on devine le *Panzerkampfabzeichen*.

6. L'*Oberscharführer* Gumbel dans sa capote et portant l'épée au côté.

7. Photo d'un Panzer III de l'état-major de la *I Abteilung* du *SS-Pz-Rgt. 3* prise par Kurt Söhrmann de l'arrière de son propre char.

III de la *2. Kompanie* semble t-il : de gauche à droite : Steglich, Meinecke, Zimung, Frommelt. Des enfants ukrainiens sont intéressés par l'engin, l'un d'eux est même monté sur le char !

1

1. Rare photo, prise lors des combats, de Georg Bochmann en chemise, en cet été 1943.

2. Très belle photo de mariage d'un *Rottenführer* de la *Panzer-Division* « *Totenkopf* » dont il porte la bande de bras en partie lisible. Nous sommes le 23 octobre 1943.

3. Un *Oberscharführer*, bien décoré, du *SS-Panzer-Regiment 3 «Totenkopf»*, en permission au pays avec ses parents et sa sœur. Notez qu'il porte déjà l'EK I et le *Panzerkampfabzeichen*.

4. Un *Unterscharführer* du *SS-Panzer-Regiment 3* « *Totenkopf* » dans sa tenue noire et portant la KVK.

5. Faire part de décès de Josef Ziegltrum tombé en Pologne en 1944. Il faisait partie du *SS-Panzer-Regiment 3* de la « *Totenkopf* ».

2

3

4

5

Fern von der Heimat u. seinen Lieben ruht in Gottes Frieden mein lieber, unvergeßlicher Mann, unsere bester Sohn, Bruder, Schwager, Onkel, Neffe und Cousin

Josef Ziegltrum

Panzerschütze Inh. des EK II, Panzer-Abzeichen und der Ostmedaille

Er starb infolge einer schweren Verwundung in einem Feldlazarett in Polen im 25. Lebensjahr.

Du hast so oft an uns geschrieben
Macht keine Sorgen euch ihr Lieben,
Ich kehr zurück auf Wiedersehn.
Doch Gottes Ratschluß ist geschehn.
Fern ist Dein Grab, tief unser Schmerz
Nun ruhe sanft Du vielgeliebtes Herz.

Gebe ihm Gott den ewigen Frieden!

Wer ihn kannte, liebte ihn
Wer Tränen hat, der weint um ihn.

Druck: Karl Urschall, München 8, Max Weberplatz 10

6. Un char Panther du *SS-Panzer-Regiment 3 « Totenkopf »* en panne et abandonné bien que les hommes aient tenté de le remorquer (voir les câbles de remorquages).

7 et 8. Deux photos du *Rottenführer* Georg Nagel alors qu'il est maintenant au grade supérieur. Il porte le ruban de l'EK II et le *Panzerkampfabzeichen*. La bande de bras est très lisible.

9. Le document original de l'attribution du *Panzerkampfabzeichen* au *Sturmmann* Georg Nagel.

9

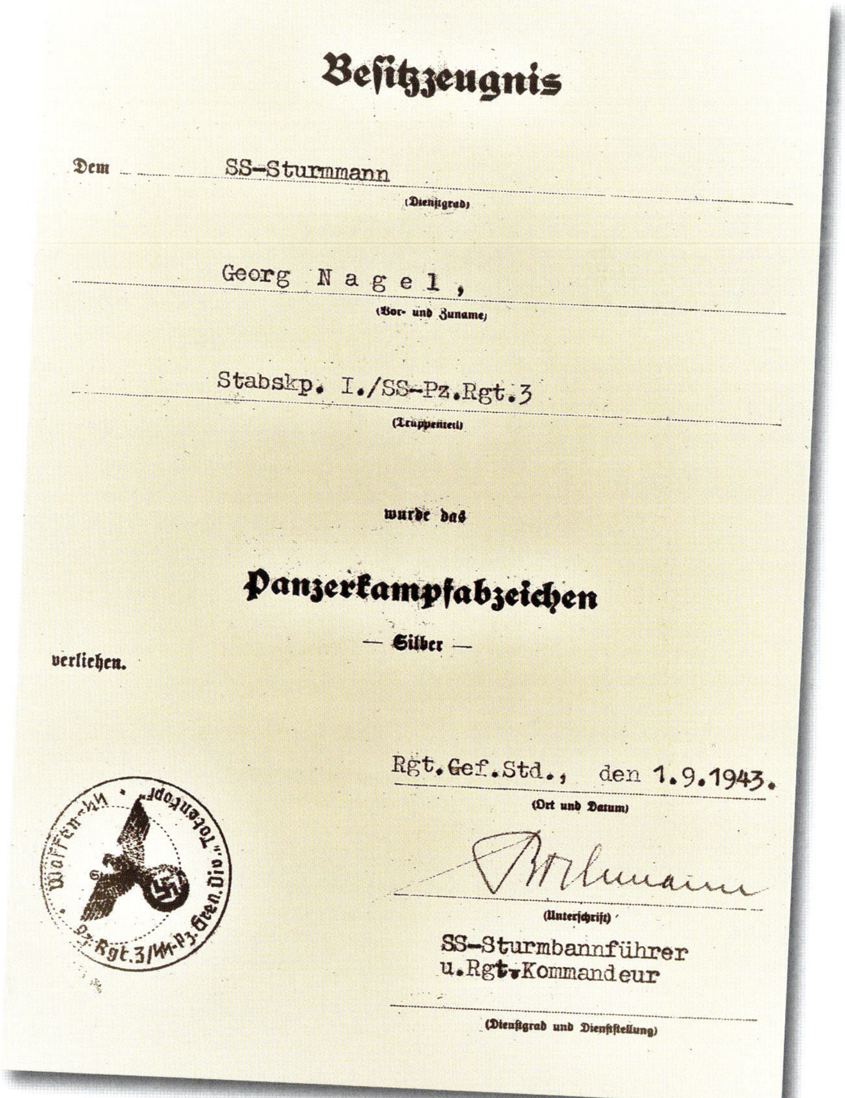

Besitzzeugnis

Dem SS-Sturmmann
(Dienstgrad)

Georg Nagel,
(Vor- und Zuname)

Stabskp. I./SS-Pz.Rgt.3
(Truppenteil)

wurde das

Panzerkampfabzeichen

— Silber —

verliehen.

Rgt.Gef.Std., den 1.9.1943.
(Ort und Datum)

(Unterschrift)

SS-Sturmbannführer
u.Rgt.Kommandeur
(Dienstgrad und Dienststellung)

Photo de la destruction du Mathilda vu sur la photo ci-dessous.

Ci-contre : grâce à l'accord « Prêt bail », les Américains et les Anglais livreront des chars et du matériel de guerre aux Russes afin qu'ils puissent tenir les fronts à l'Est. Ici un char anglais « Mathilda » a été détruit lors de combats. Les Russes n'apprécieront que moyennement les chars alliés, préférant nettement leurs T 34.

Lors de combats à l'Est et dans l'immensité russe, des chars Panzer III équipés de *Schürzen* montent en ligne alors qu'une escadrille de Stukas les précède pour tenter d'écraser une défense prête à arrêter cette attaque.

En haut : deux Panzer III du *SS-Panzer-Regiment 3 « Totenkopf »* à l'abri d'un muret nous montrent le masque du canon de 5 cm.

Au centre : un Panzer III de la *2. Kompanie* traversant un village. Notez le baril emporté pour ravitailler plus rapidement et ainsi augmenter l'autonomie du char.

En bas : le Panzer III dans lequel Norbert Altmann a servi à ses débuts.

1

2

4

3

5

6

1. Deux chars Panzer III de la *5. Kompanie* dans un village pendant l'hiver 1943. Notez que l'un des deux porte des chenilles « élargies » dites « *Ostketten* » (chenilles pour l'Est) permettant de mieux supporter les inconvénients du front Est en hiver à l'automne et au printemps.

2. Kurt Söhrmann, assis ici à droite, a écrit au dos de cette photo « *Gefecht-Pause* ». Soit moment de détente entre deux combats. On l'aperçoit à l'arrière de son char Panther.

3. Un Panzer IV de la *7. Kompanie*. Notez qu'au tirage, la photo a été inversée. Le char a déjà bien œuvré car les *Schürzen* latérales ont disparu, ne restent que les barres de suspension de celles-ci et les *Schürzen* de tourelles qui elles restent très souvent présentes.

4. A droite sur la photo, l'*Unterscharführer* Georg Kasehage.

5. Un char Panther de la *3. SS-Panzer-Division «Totenkopf»* croisant des grenadiers de la même division. Le char a certainement besoin de se ravitailler en essence et en munition, après un combat.

6. De gauche à droite : l'*Unterscharführer* Ernst Walter Kirsch, Kurt Arp et Sepp Hirsch.

7. Baumann, ?, G. Kasehage Sepp Hirsch et Kurt Arp.

7

1

2

3

4

1. Photo d'un autre membre du *SS-Panzer-Regiment 3 «Totenkopf»*. Il porte le ruban de l'EK II et le *Panzerkampfabzeichen.*

2. Sous la chenille de leur Panther, le sourire est de mise pour ces tankistes de la *SS-Panzer-Division « Totenkopf »*. On reconnaît à gauche, Georg Kasehage.

3. Quatre tankistes posent pour une photo souvenir. En arrière-plan, ce qui semble être un château d'eau. Notez les très belles tenues camouflées molletonnées d'hiver.

4. Gunter Wick (troisième en partant de la gauche) et ses camarades du *SS-Panzer-Regiment 3 «Totenkopf»*.

5. Encore une fois, les wagons à bestiaux de la Reichsbahn serviront à conduire l'unité blindée de la *Totenkopf* vers un autre front. Le luxe n'est pas de mise.

6. Cette fois, c'est l'*Unterscharführer* Kurt Arp qui est en train, lui aussi de régler un problème sur le véhicule.

7. Legionowo. De gauche à droite, Sepp Tittel ayant reçu l'EK II qu'il porte à sa boutonnière, Kurt Söhrmann et Hermann Müller.

1

2

3

1. Kurt Arp, de dos, en train de faire un brin de toilette en se servant d'un miroir accroché au véhicule de transmission dont on aperçoit l'antenne. Sur la droite, la roue arrière d'un Panzer III.

2. Georg Kasehage et Sepp Tittel dans leur combinaison camouflée.

3. Le *Sturmmann* Walter Roderburg.

4. Deux hommes de la compagnie de Kurt Söhrmann : à gauche, Walter Roderburg.

5. Georg Kasehage, dans sa combinaison camouflée.

6. Noël 1944, le 26 décembre 1944, les chars de la *Panzer-Division « Totenkopf »* sont chargés sur des convois en direction de Budapest afin de casser l'étau encerclant les troupes allemandes dont deux divisions de cavalerie de la Waffen-SS (les 8e Florian Geyer et 22e Maria-Theresa).

7. Dans une forêt, les véhicules du régiment de panzers sont à l'abri de l'aviation russe.

1. Trois véhicules dont un Panzer III portant un fanion avec l'éclair des troupes de transmissions de la *Panzer-Nachrichten-Kompanie* du *SS-Panzer-Regiment 3 « Totenkopf »*.

2. Deux membres du Régiment blindé de la *3. SS-Pz-Div. «Totenkopf»* dans un Kfz superbement camouflé.

3. Trois Panzer III dont celui de gauche porte un canon de 75 mm court. Ils font partie du *SS-Panzer-Regiment 3 « Totenkopf »*.

4. L'*Obersturmführer* Quilitz, à la tourelle de son Panzer III.

5. Sur le canon de leur char Panther, G. Kasehage, Sepp Tittel (*Ladeschütze* = chargeur) et ?

4

5

6. Sur l'arrière de leur Panther, à gauche, Wilhelm Bredthauer avec l'antenne parapluie du char et, à droite, le chauffeur Georg Käsehage.

7. A Okumin en Pologne fin 1944, Kurt Söhrmann se tient à l'arrière de son char Panther.

6

7

Ci-contre : trois hommes de l'équipe de Kurt Söhrmann sont grimpés sur leur char Panther monté sur un wagon les conduisant vers la Hongrie et plus précisément vers Budapest. Au-dessus du canon, G. Käsehage, sur le devant Sepp Hirsch et, à droite Sepp Tittel.

Ci-dessus : les sous-officiers de l'état-major du *SS-Panzer Regiment 3 « Totenkopf » :* De gauche à droite, le chef des transmissions, Kurt Arp, les radios Kurt Söhrmann puis Wilhelm Bredthauer et les chauffeurs, Georg Käsehage et Sepp Hirsch.

Ci-dessous, à gauche : splendide photo de Sepp Tittel sur son char Panther portant la zimmerit bien visible sur cette excellente photo.

Ci-dessous : le *Spiess* et *Oberscharführer* Sigusch de la *5. Kompanie* de la *II. SS-Panzer-Abteilung 3*. Mort en septembre 1943.

A droite : au dos de la photo est précisé qu'il s'agit du « Maître mécanicien de la *II. Panzer-Abteilung* du *SS-Pz- Rgt 3 « Totenkopf »*, mais dont il a oublié le nom.

Ci-dessus : un side-car très endommagé est « déshabillé » pour récupérer des pièces pour d'autres side-cars pour les agents de liaison motocyclistes de l'unité.

Ci-dessous : ce T 34 a été pris par le *SS-Panzer-Regiment 3 « Totenkopf «* et aussitôt réutilisé. Un photographe du *Heer* est grimpé dessus.

Ci-contre : photo de l'*Unterscharführer* Hermann Schröder. Il porte le ruban de l'EK II et le *Panzerkampfabzeichen* (absent sur la photo).

5

1

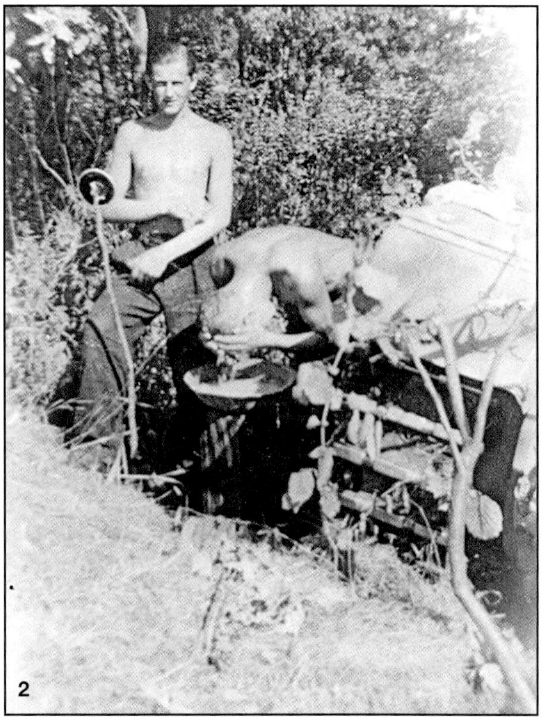

2

3

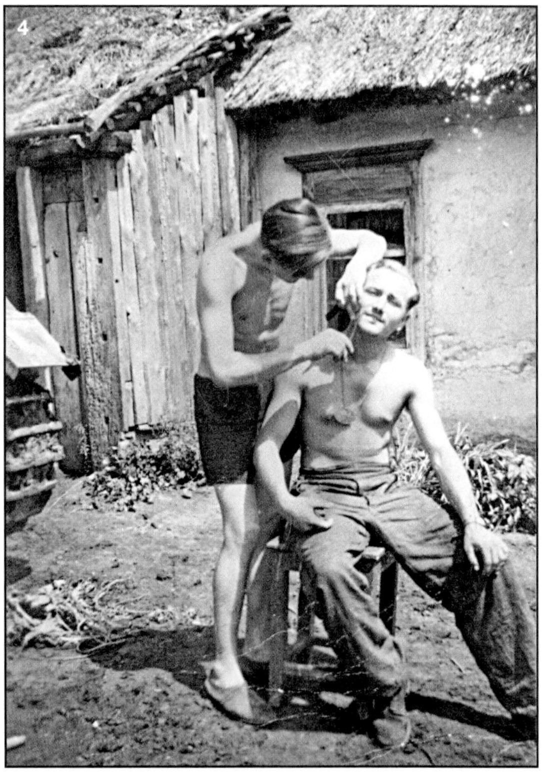

4

6

1. Photo précoce prise à Juschny près de Charkow de Heinz Krülls, à gauche, et de Walter Roderburg.

2. Petit brin de toilette matinal pour Walter Roderburg, à gauche, et Kurt Söhrmann, se lavant la tête. Il a écrit au dos de la photo : *« notre miroir est très classe ! ».*

3. Le Kommandeur du *SS-Panzer-Regiment 3 « Totenkopf »,* le *Sturmbannführer* Kunstmann, le *Hauptsturmführer* Biermeier et l'*Obersturmführer* Schröder qui commandera plus tard la compagnie lourde. Ils parlent avec l'*Oberscharführer* Baumann. À l'extrême gauche, l'*Oberscharführer* Frank.

4. Le « Friseur » (coiffeur) de service rafraîchit le visage de ce membre du *SS-Panzer-Regiment 3 « Totenkopf »* près d'une isba. On aperçoit la chenille d'un Panzer III ou IV derrière eux.

5. Tombe d'un membre du *SS-Pz-Regiment 3 « Totenkopf ».* Nombre de tankistes de l'unité reposeront en terre soviétique dans des cimetières qui seront aussitôt rasés par les Soviétiques lorsqu'ils auront repris le territoire.

6. Photo de K. Schildhauer en *Rottenführer*. Il passera bientôt au grade d'*Unterscharführer*.

7. Très bonne et intéressante photo de Heinz Krülls, originaire de Düsseldorf, qui porte sur sa tenue noire de tankiste l'éclair des transmissions. Il était , tout comme Kurt Söhrmann, radio dans un char Panther. Il porte le *Panzerkampfabzeichen* ainsi que la bande de bras très lisible.

8. Sur le wagon transportant leurs chars Panther vers la Hongrie, ces trois membres du *SS-Panzer-Regiment 3 « Totenkopf »* portent la tenue camouflée d'hiver réversible et molletonnée.

9. L'*Unterscharführer* Schorch Käsehage fumant un gros cigare comme à son habitude.

10 et 11. C'est le moyen de locomotion le plus utilisé par l'armée allemande pour transporter d'un point chaud à un autre les troupes telles que le *Panzer-Regiment* de la *3. SS-Panzer-Division « Totenkopf »*. Sur la photo, en dessous de la petite croix, se trouve l'*Unterscharführer* Kurt Arp.

Suite du témoignage de Walter Weber, de mars à octobre 1944.

Balta

A Nowo Ukrainka, notre régiment se rassemble, ou plutôt ce qu'il en restait. Les alentours de la gare sont remplis de véhicules endommagés et incapables d'aller plus loin. Malgré tout, ils doivent tous être chargés sur des trains pour être rapatriés au pays. Ce n'est pas aisé pour nous car, sans cesse, une vingtaine de chars russes tentent de nous submerger. Malgré tout, à chaque fois, nous refoulons les Russes en leur causant des pertes tout en montant les véhicules endommagés sur des trains. Cela nous prend deux jours pleins mais la tâche est accomplie sans que le Russe puisse nous interrompre.

Sur le dernier train, ce sont nos propres chars qui sont chargés et nous partons sous les coups de l'artillerie russe. Dans la gare de Balta, nous sommes déchargés et, avec deux chars, nous défendons l'endroit. Le reste du convoi continuant vers la ville de Balta. C'est pour nous un temps merveilleux car nous bénéficions des nourritures d'un dépôt proche contenant une quantité énorme de sucre que nous troquons contre d'autres nourritures auprès des habitants heureux de pouvoir avoir du sucre. Egalement du sel, denrée rare et qui s'y trouvait en très grande quantité, environ quatre quintaux, et qui est également échangé contre d'autres denrées que les habitants de la région nous échangent volontiers. Nous avons ainsi tout ce qu'il faut pour vivre très confortablement, des œufs, du beurre, du sucre, de la confiture, des saucisses et de la viande, qui s'empilent dans nos quartiers. Au petit matin, des groupes de civils russes se pressent pour échanger notre sel ou sucre contre d'autres denrées. Les soldats russes, par contre, poussent davantage leur pression sur la ville de Balta et il n'est pas rare de devoir faire une sortie pour anéantir une unité de reconnaissance ou une patrouille trop virulente.

Un matin, alors que nous sommes encore endormis, nous sommes réveillés brusquement par le fracas de tirs importants. Notre chien mascotte « Hanomag » se réfugie dans un coin de notre logement en hurlant à la mort. Nous l'avions sauvé quelque temps auparavant de la mort et l'avions emporté avec nous. Rapidement sur pieds et habillés, nous comprenons vite qu'un groupe de Russes avait profité de la nuit et, avait déjà envahi les premières maisons du village. Une unité du train, rapidement sur place, avait contre-attaqué et repoussé ces agresseurs sans que nous ayons besoin d'intervenir. Cela s'est à nouveau bien passé. Nous nous allongeons de nouveau mais en restant attentifs. Le lendemain se produit le même scénario mais avec un peu plus d'intensité. Cette fois, les Russes nous envoient des balles explosives. Les Russes investissent à nouveau quelques maisons sans avoir vu notre panzer adossé à une maison, sinon ils auraient envoyé quelques balles explosives sur nous avant que nous n'ayons eu le temps de grimper dans nos engins. Ceci fait, et avec l'aide d'un Flakvierling, nous les repoussons en laissant nombre de leurs morts sur le terrain. Nous les avons encore pourchassés et le Flakvierling fait un dégât énorme dans leurs rangs. Dans le tir sur objectif terrestre, il est d'une efficacité redoutable.

Au soir, nous changeons de position vers la sortie du village où nous nous mettons en position de sécurité. Mais de nouvelles attaques ne vont pas tarder, nous le sentons. Effectivement, de nombreux tirs d'artillerie tombent sur le village. Notre bon temps est maintenant bien loin. Des bruits d'encerclement circulent et tout le monde est nerveux. Le soir suivant, l'ordre de se mettre en marche nous parvient. Nous devons, nous les deux derniers chars restants, contenir les côtés de la route permettant à nos troupes d'échapper à un encerclement. Nous nous mettons en route le soir du **28 mars 1944** et, après une pause de quelques heures dans la nuit, nous reprenons notre chemin aux premières lueurs du jour. Encore plein de fatigue, je sors du blindé et me laisse réveiller par un vent froid qui me souffle dans le nez. Nous arrivons dans une petite vallée et traversons un petit village lorsque nous recevons de nombreux tirs des hauteurs, à droite et à gauche. Bientôt, nous voyons des fantassins être bousculés et se débander dans les broussailles pour sauver leur peau. Aussitôt, les Russes s'attaquent à nous. Les balles ricochent sur nos blindés. Il est grand temps de rentrer à l'intérieur et de foncer sur eux. Nous obliquons à gauche et allons à leur rencontre. Nous leur envoyons, tout ce que nous avons et avançons sans appui d'infanterie. Notre assaut reste vain. Malgré le déluge de feu que nous leur envoyons, nous sommes rapidement submergés. Notre chargeur éjecte l'obus qu'il venait de charger sans l'avoir tiré. Il ne manquerait plus que l'équipage panique maintenant ! Notre chien embarqué a lui aussi peur et se jette à mon cou car les étuis d'obus tombent par terre à vitesse grand V et encombrent le plancher. Il passe la tête par l'écoutille pour respirer et prendre le frais et ce sera une chance pour lui car, peu après, un grand bruit et aussitôt une épaisse fumée envahit l'habitacle. Le moteur flambe, très certainement atteint par un cocktail Molotov. Très vite, le chauffeur réagit et ramène le char dans un grand tourbillon de fumée et de flammes en hoquetant miraculeusement 300 mètres en arrière. Nous devons sortir en plein milieu des Russes. Le deuxième char revient en arrière lui aussi et nous protège de son feu. Ceci nous permet de courir sans être trop vus des Russes, trop occupés à éviter les tirs du deuxième char. Celui-ci devra être détruit lui aussi un peu plus tard car son moteur le trahira et s'arrêtera définitivement. Et ce sera dix hommes qui reculeront sous une nuée de balles russes, poursuivis par des hordes de soldats soviétiques. Avec la fumée intense répandue dans l'habitacle, j'en avais respiré un peu trop et j'eus beaucoup de mal à courir et ce n'est que lentement que les derniers mètres furent accomplis pour rejoindre nos propres lignes indemnes. Comme deux flambeaux au loin, les deux derniers chars du *SS-Pz.-Rgt. 3* flambent dans les lignes occupées maintenant par les Russes.

Suite à l'intoxication due à la fumée inhalée dans le char, je me retrouve quelques jours à l'hôpital. De nouveau un train roulant de nuit et traversant la Roumanie, je retrouve ma compagnie. Notre régiment blindé se trouve à Bacau sans aucun char mais attendant avec anxiété l'arrivée de nos nouveaux engins. Nous nous retrouvons donc ainsi en Roumanie pendant quelques semaines à refaire de l'entraînement de fantassins et autres exercices. Puis, au bout de quelques semaines, deux nouveaux chars arrivent d'Allemagne pour pouvoir déjà enseigner le métier de tankiste à nos nouvelles recrues arrivées pour combler les trous. Avec ces deux chars, nous faisons de l'entraînement au tir avec obus, mais une à deux fois par semaine, pour ne pas trop utiliser de munitions. Ces journées se passent très bien en profitant de la région et en échappant de temps en temps aux exercices qui, pour nous, ne sont plus nécessaires. Mais, là aussi, ce bon temps a une fin et, le **9 juillet 1944**, nous sommes chargés pour être dirigés vers la Pologne, naturellement sans blindés que nous devons percevoir là-bas. Après huit jours magnifiques à voyager, nous nous retrouvons à Zadworzany près de Sokolka. Malgré tout, les Russes continuent leur avance, ne nous laissant aucun instant de répit, nous repoussant toujours un peu plus vers l'arrière. Nous sommes la seule compagnie du régiment à ne pas avoir reçu ses chars et à se retrouver en tant que fantassins au front.

La *I. Abteilung* de notre *Panzer-Regiment,* qui se trouvait à l'automne de 1943 à Grafenwöhr, a reçu ses nouveaux chars Panther (Pz. V), et est composée de quatre compagnies ainsi équipées.

Enfin, après avoir combattu une bande de partisans, nous recevons nos tout nouveaux Panzer IV équipés du canon KwK de 75 mm long.

Nous nous tenons prêts pour la prochaine attaque à la lisière de la ville de Wolomin, complètement vidée de ses habitants. Nous y capturons un cochon et il est déjà découpé et prêt à cuire et être mangé. Nous avons de nouveau du travail jusqu'en pleine nuit. C'est à partir de 4 heures du matin que nous pouvons souffler et chercher un peu d'air pur à respirer. Les autres équipages ont eux aussi trouvé des cochons et ont fait de même. Ce sont de bonnes journées que celles passées à Wolomin. Non loin de la maison où nous logeons, se trouve un étang assez joli dans lequel, le matin et l'après-midi, nous nous baignons puis nous nous faisons dorer au soleil sur une petite étendue de sable.

Mais le front se rapproche rapidement de nous. L'artillerie russe envoie ses obus sur la ville, nous surprenant alors que nous sommes dans l'eau.

Le **18 août 1944**, les Russes percent les lignes de nos voisins et nous sommes appelés en renfort le même jour. Le soleil nous envoie ses chauds rayons alors que nous approchons de l'endroit de la percée soviétique à Klembow. Aux alentours, quelques obus de mortiers tombent ça et là. Nous traversons des forêts et une route libre s'offre à nous. Dans un nuage de poussière, nous continuons notre chemin. Des chasseurs-bombardiers russes, tels les jabos en Normandie, viennent nous harceler mais avec moins de justesse. Soudain, nous recevons, de la part des artilleurs russes, des salves d'orgues de Staline. Rien n'est plus discernable en avant tant la poussière et la terre emplissent l'air. C'est un petit aperçu de ce qui nous attend. Nous traversons l'endroit où les Russes ont percé et nous avançons sous une pluie d'obus d'artillerie afin que nous ne doutions pas qu'en face nos ennemis ont de quoi nous répondre.

Nous nous sommes adossés à ce qui restait d'une maison en attendant que les tirs soviétiques s'arrêtent. Mais ce ne sera qu'avec l'obscurité que le feu d'enfer diminuera avant de cesser. Beaucoup de maisons sont en flammes et éclairent le village et la forêt toute proche. Nous reprenons notre route en faisant très attention à sécuriser notre chemin contre un éventuel assaut russe. Mais à peine le jour se lève que l'enfer se déchaîne à nouveau. Tout d'abord, les mortiers nous arrosent, suivis par les gros calibres de leur artillerie. Le tonnerre est tel que nous croyons que les canonniers russes doivent être sourds pour envoyer autant d'obus. Leurs oreilles doivent être percées. Toute la journée, nous enfonçons la tête dans les épaules, heureusement aucun de nos panzers ne sont atteints. De même, toutes les maisons ne sont pas détruites et certaines nous ont protégés de ce déluge. Vers midi, une accalmie nous permet de mettre le nez dehors et d'évaluer les dégâts dans le village. Au soir, notre char 531 reçoit l'ordre de se porter en première ligne afin de ramener nos blessés. Lorsqu'avec peine nous sommes arrivés là, pour n'y trouver que des morts. L'infanterie avait eu d'énormes pertes. En revenant, nous sommes la cible de plusieurs canons antichars russes et qu'importe où nous nous trouvons, les obus nous arrivent dessus. Ils doivent avoir un observateur dans les arbres qui les guide. Il ne peut en être autrement. Aussi, au soir, nous menons une attaque avec comme cible les sommets des arbres susceptibles d'abriter des observateurs d'artillerie russe. Sentant le danger, ils ripostent et, lors de l'attaque, un canon antichar nous touche détruisant une roulette de retour de chenille et mettant en miettes une lame de ressort. Plus tard, nous ramenons malgré tout des blessés que nous laissons auprès des médecins de l'hôpital de campagne et puis nous nous dirigeons vers l'atelier de réparation afin de remettre rapidement notre char en état de combattre. Ainsi, assez rapidement, nous retournerons à nos positions grâce à l'habileté de nos mécaniciens.

Quelques jours plus calmes, hormis les inévitables tirs d'artillerie, se passent ainsi.

Enfin, nous sommes dirigés vers une nouvelle position où nous devons remplacer les chars Panther qui avaient stabilisé le front à cet endroit. Cela doit être maintenant calme sur ce secteur.

Arrivés sur place, nous creusons un grand trou pour nous et nous plaçons notre char au-dessus. Ainsi ce jour est calme.

Mais, le lendemain matin, un effroyable déluge d'artillerie se déchaîne sur nous, faisant trembler le sol de la forêt proche de nous par où nous attendons une attaque russe. Après deux heures d'attente, vers 6 heures, le tir s'arrête, mais l'attaque ne vient pas. Cependant, un Landser arrive, se présentant comme étant un VB (observateur avancé) et nous demandant ce que nous pensons du tir ainsi dirigé ! Se vantant d'avoir mis le Russe cul par-dessus tête. L'homme certainement ne se rend pas compte de l'inefficacité de son tir et, après lui avoir montré les résultats, il ne peut que s'excuser d'avoir utilisé autant de munitions pour rien. On aurait souhaité qu'il nous ait oublié et passé son chemin.

Les chasseurs russes se manifestent à nouveau harcelant sans cesse nos fantassins qui se tenaient dans le village derrière nous. Je remonte dans notre char et suis en train de lire lorsqu'un bruit énorme se fait entendre. Un arbre qui se tenait tout près de notre char est tombé sur nous, rejetant notre commandant de la tourelle à l'intérieur du char, avec un flot de sang. Celui-ci, l'*Oberscharführer* Horst Marx est tué sur le coup. Un obus était tombé sur l'arbre, le projetant comme un projectile tout aussi dangereux qu'une munition. Notre chargeur est légèrement blessé.

Nous déposons le corps de notre chef dans une petite tranchée, car aucun char ne doit bouger de nos positions, chaque minute pouvant être l'instant d'un assaut soviétique.

Au soir, le *Spiess* (adjudant de compagnie) nous amène un nouveau chef de char. Nous pouvons ainsi avancer car, derrière, déjà, les pionniers installent des champs de mines avec tout de même un passage pour nos chars qu'ils nous indiquent. Avec ce champ de mines, une tranchée antichar où, là aussi, est prévu un petit passage pour nos chars, éventuellement, si nous devons reculer.

Le jour suivant, nous apporte une grosse mais mauvaise surprise. En effet, les unités qui devaient tenir nos ailes droite et gauche ont disparu pendant la nuit, préférant se replier sans attendre d'ordres. Malgré tout, le paysage est calme et il ne serait pas compliqué aux Russes de nous contourner, vu les brèches de chaque côté, laissées par nos chers voisins de la Wehrmacht !

Cela ne dure pas longtemps et nous entendons du bruit dans les champs de blé s'étendant devant nous. Des rangées de fantassins russes avancent sans se rendre compte de rien, comme s'ils étaient à l'exercice! Ils se dirigent à gauche vers un village. Ne nous ayant pas aperçus dans notre pointe de la forêt bien camouflée, ils atteignent le village sans trop de précaution. Nous les laissons faire, sans signaler notre présence. Car sinon l'enfer se serait déchaîné. Puis au soir, le sol tremble et le ciel se remplit de poussières générée par des hordes de chars russes qui eux aussi se dirigent vers le village. Nos malheureux trois chars ne peuvent faire grand-chose contre, au moins, une trentaine de chars adverses. Lorsque, soudain, trois chars « Sherman » se dirigent sur nous, venant d'une position entre des maisons. Après un petit temps d'attente, nous ouvrons le feu et les trois chars russes s'enflamment. Mais cela ouvre le bal car nous nous sommes découverts face aux Russes. Les chars russes se trouvant à la sortie du village nous attaquent par l'arrière. Je parviens à en détruire un et mes com- pagnons également mais nous devons laissé tomber sous peine d'être encerclés. Nos fantassins d'accompagnement se joignent à nous pour un repli mais aucune trace du chemin parmi nos propres mines! Un jeune fantassin nous accompagnant se met en avant pour nous guider au travers de ce piège mortel. Qui l'eut cru? Ce jeune soldat n'avait écouté que son courage et nous aide à traverser le champ de mines. Grâce à Dieu, le parcours est lent mais aucun de nos trois chars ne saute sur une mine. Maintenant, ce sont les tranchées antichars qu'il faut franchir. Un essai puis un autre qui, lui, sera positif, ce barrage également est dépassé. Enfin, il faut traverser la forêt tout en sachant que le front avait été ouvert par l'ennemi. Plus d'une fois, nous prenons des chemins de traverse dans ce bois en espérant ne pas tomber nez à nez avec un T 34. Malgré tout, nous entendons des bruits de chars nous entourant et essuyons quelques tirs mais sans grande précision qui fait que nous arrivons en fin de soirée à nouveau dans nos lignes et même au PC de l'*Abteilung* où se trouvent déjà tous les autres chars de notre unité. Nous avons eu beaucoup de chance. Remis de nos émotions, vient le temps de refaire le plein de carburant et de munition. Ensuite, il reste encore un peu de temps pour dormir.

Lorsque le soleil montre le bout de son nez, nous recevons l'ordre de nous mettre en route. C'est-à-dire nos deux panzers avec une unité d'infanterie d'accompagnement. Lors de notre arrivée à destination, l'infanterie creuse de suite des bunkers dans le sol et nous y sommes également conviés bien à l'abri. Seuls quelques obus de mortier viennent couper notre tranquillité. Le jour suivant est aussi calme, ce qui nous permet de souffler mais aussi de lâcher notre attention. Notre bunker est placé dans un jardin et notre char se tient à 30 mètres à l'abri des arbres. A côté de notre bunker se tient celui de l'infanterie. Nous sommes prêts à intervenir rapidement et grimper dans nos chars afin d'attaquer.

La nuit suivante, l'enfer se déchaîne à nouveau. De minuit à 2 heures, je suis de garde et je viens à peine de la terminer qu'un fracas de tirs se fait entendre dans le jardin. Tout d'abord, nous n'avons pas estimé correctement la situation puis le commandant nous crie de nous rendre dans nos chars car notre infanterie recule elle-même déjà. J'attrape mes affaires rapidement et cours vers notre char. La lune éclaire le terrain bien qu'un léger brouillard nimbe celui-ci et couvre le sol où des ombres s'avancent. Cela tire de partout et les balles sifflent à nos oreilles. En arrivant non loin de notre blindé, un cri, « Stoij », me fait faire un bond pour éviter ce Russe devant moi. Très vite, l'équipage se regroupe dans notre char. Seul le chargeur manque encore. Tout comme nous, il avait dû prendre l'infanterie qui se trouvait dans le jardin pour la nôtre alors qu'il s'agissait des Russes. Heureusement, nous avions parfaitement camouflé notre engin ce qui fait que les Russes ne l'avaient pas aperçu. Nous devons faire en premier une marche arrière pour sortir de notre cache, puis nous cherchons après le deuxième char. Entretemps, notre chargeur est parvenu jusqu'à nous. Après un long moment, nous retrouvons enfin l'autre char. Celui-ci, après avoir entendu les nouvelles surprenantes de ce qui se passait, fait bloc avec nous. Les Russes étaient passés par une zone marécageuse pour arriver dans les jardins au beau milieu de nos troupes qui s'étaient dispersées sous les tirs russes. Enfin, nous pouvons contre-attaquer et démolir ces assaillants matinaux. La clarté monte lorsque nous réduisons enfin leur attaque à néant et, sans demander leur reste, les survivants s'enfuient sur leur position première. Ils s'en vont plus vite qu'ils n'étaient arrivés.

Radzymin

Nous attendant à une attaque russe sur cette ville, nous nous y sommes installés en défensive. Nos chars sont aux limites de la ville. A deux kilomètres dans une forêt se trouvent les blindés ennemis que nous pouvons apercevoir. Nous les avons observés toute la journée, tout en écoutant leurs messages téléphoniques que nous ne comprenions pas, malheureusement. Heureusement, quelques chars nous ont rejoints ainsi que plusieurs Sturmgeschütz III et trois gros Tiger.

La nuit est calme, perturbée uniquement par le bruit de nos propres blindés changeant de position. Qu'est ce que cela veut dire ? Le lendemain, une reconnaissance va nous l'apprendre. En première position ne reste que notre char et un autre ! Cela ne peut être plus chaud, suivi très rapidement par l'attaque des Russes. Un tapis d'obus d'artillerie s'abat sur la ville et une nuée de fantassins criant « Hourra » s'attaquent à notre infanterie qui doit reculer. Nous-même devons également reculer, sous peine d'être encerclés, nos ailes étant transpercées par l'ennemi. Nous nous retrouvons dans le centre de la ville où deux Tiger se battent contre deux chars lourds russes JS I. Ceux-ci doivent se replier nous laissant avec ces assaillants. Nous allons également quitter la ville lorsque nous recevons par radio l'ordre d'y rester. On nous conforte dans cet ordre en nous promettant l'arrivée de renforts blindés. Nous pensons que celui qui avait donné cet ordre ne devait pas avoir une grosse cervelle ! Nous roulons dans une petite rue et, quelque temps plus tard, le deuxième panzer est touché et brûle, ses munitions explosant même. Seuls le radio et le chauffeur peuvent s'extraire de l'engin en feu mais avec de sévères brûlures aux bras et au visage.

L'infanterie adverse se renforce encore pour pénétrer en ville. Nous envoyons tout ce que nous avons pour les retarder et nous sortons de la ville. Nous arrivons au PC où nous pensons pouvoir tomber sur le renfort espéré ! Si nous n'étions pas sortis de la ville, nous attendrions encore après celui-ci !

Nous nous replions sur des positions bien installés et que l'infanterie occupe comme il faut. Pour notre part, nos positions se trouvent trois kilomètres un peu en arrière, dans la forêt de Pustelnik.

Là, nous avons du temps pour remettre en ordre notre blindé. Nous nous sommes creusés des trous que nous garnissons de paille et ensuite recouvert par notre blindé, nous protégeant ainsi des incursions de l'aviation russe et des éclats d'obus d'artillerie.

Le **10 septembre 1944**, notre compagnie est de nouveau au complet lorsque l'artillerie russe nous envoie ses gros obus. La forêt éclate sous les coups. Le trou que nous avions fait sous notre blindé avait fait la place pour 10 hommes mais était assez plat. Aussi nous subissons un peu plus que prévu la pression de l'artillerie soviétique. Soudain, un grand bruit et un coup violent se fait ressentir au niveau de ma cuisse droite. De la poussière et de la poudre d'explosion remplissent notre trou. Aussitôt, je me mets à ramper pour sortir du trou et me précipiter vers le second char. A mi chemin, je m'effondre car ma jambe ne répond plus. En me traînant sous un déluge d'obus et d'explosion, je peux rejoindre le deuxième char sous lequel déjà deux camarades gisaient, eux aussi blessés. Là, nous attendons la fin de la pluie de fer et de feu. Des dix hommes se trouvant sous le char neuf sont blessés ! Le dixième, lui, est mort. Un obus avait atteint le train de roulement et ainsi projeté des éclats tout aussi dangereux sous le char, nous blessant tous, car le trou n'avait pas été creusé assez profondément. J'ai un gros morceau de métal fiché dans ma cuisse droite. De là nous sommes, tous, conduits vers un hôpital de campagne puis vers celui, plus gros, de Modlin.

Un mois plus tard, je peux rejoindre ma compagnie. Je suis envoyé de suite en première ligne où je dois remplacer l'un de mes camarades, lui aussi blessé. Mon nouveau char se trouve à l'abri un peu en arrière et loin de la vue des artilleurs soviétique. Nous sommes maintenant en **octobre** et il fait plus froid et humide. Après quelques jours, nous faisons mouvement vers une forêt où nous avons construit nos abris et nos bunkers. Tous les deux jours, nous faisons une reconnaissance armée. Mais ce sont des journées calmes et paisibles qui nous permettent de nous reposer un peu et de reprendre des forces, tout comme nos ennemis. »

Ci-dessus : Kurt Sörhmann à la tourelle de son char Panther Numéro I 01, pour une photo, car il en est le radio. Notez les écouteurs portés par Kurt.

Ci-contre : deux chauffeurs de char Panther, à gauche Georg Käsehage et, à droite, Sepp Hirsch, qui porte sur le bras la plaque *Demjansk* ainsi que l'insigne de chauffeur au-dessus de la bande de bras « *Totenkopf* ».

A gauche : sous le canon de leur char Panther deux membres d'équipage avec, à droite le chauffeur, l'*Unterscharführer* Sepp Hirsch avec toutes ses décorations.

1. A son poste de radio dans le Panther de commandement d'Erwin Meierdress, numéro I O1, l'*Unterscharführer* Kurt Söhrmann nous permet de bien voir la zimmerit du char. Photo prise à Neustadt en Pologne en décembre 1944.

2. Devant le Panther de son camarade et ami Kurt Söhrmann, le *Funkmeister* et *Unterscharführer* Kurt Arp se fait prendre en photo lui aussi.

3. Dans son propre char Panther, l'*Unterscharführer* Kurt Arp nous montre son badge de *Funkmeister* sur le bras droit le désignant comme le sous-officier responsable des communications de l'*Abteilung*.

2

4. Georg Käsehage et Sepp Hirsch.

5. Belle photo de l'*Unterscharführer* Georg Käsehage.

6. Très bonne photo de l'*Unterscharführer* Kurt Söhrmann à côté de son char Panther dont il restera toujours très fier.

7. Lors d'un contrôle du char Panther à Novo Miastro (Plogne) en décembre 1944, de gauche à droite, à genoux, Kurt Arp, debout dans un manteau de cuir, Georg Nagel, et Kurt Söhrmann.

8. Photo de Schorch Käsehage et Sepp Hirsch dont on peut aussi distinguer l'insigne de bras de *Demjansk.*

7

5

8

Ci-dessus, à droite : Sepp Tittel, après une blessure, part en permission et son camarade Kurt Söhrmann lui souhaite une bonne route.

Ci-dessus : l'*Unterscharfürer* Kurt Arp, lui aussi dans la fameuse tenue d'hiver réversible molletonnée et appréciée par les hommes pendant l'hiver russe.

Ci-contre : avec toujours le sourire aux lèvres, l'*Unterscharführer* Georg Käsehage devant son char Panther I 02. Il était chauffeur de l'*Adjutant* de la *I. Abteilung* du *SS-Pz- Rgt 3 « Totenkopf »*.

A droite : Georg Käsehage avec la mascotte de l'unité, un jeune chien recueilli en Pologne.

Ce char Panther est en train d'être inspecté. Nous sommes dans la région de Varsovie en 1944. Cette photo nous permet de voir l'application de la pâte Zimmerit sur ce char.

Hongrie

Nous retrouvons **Fritz Edelmann** en Hongrie. « **Fin décembre 1944**, la *5. Kompanie* ne compte plus que 8 chars Panzer IV en état de combattre. Celle-ci se trouve à Swierze près de Nasielsk. Le dernier jour de décembre 1944, il y a une alerte. Nous sommes immédiatement chargés sur des convois ferrés afin de rejoindre un autre front. Nous passons par Bromberg, Posen, Breslau, Wien jusqu'à Raab (Györ) en Hongrie. Nos quartiers sont cette fois à Szöny avec pour mission de venir casser l'encerclement des troupes allemandes dans Budapest où plusieurs divisions de cavalerie de la Waffen-SS se trouvent elles aussi.

Le soir du **1er janvier 1945**, nous partons et, en deux étapes, passant par Füzitopussta, nous atteignons Pisce sur le Danube où nous devons prendre la tête de l'attaque. L'*Obersturmführer* Wenke conduit le groupe de combat et l'*Unterscharführer* Bepp Windisch est devenu le chef de char du 501.

Au soir du **2 janvier**, est menée une nouvelle attaque. Cette fois, c'est l'*Oberscharführer* Griego qui est en tête. Dans une grande courbe, nous recevons des tirs d'artillerie et de canons antichars qui sont évités par des haltes et des accélérations. Puis l'attaque s'organise comme au bon vieux temps. Nous attaquons ensemble le village de Bajot en tirant de touts nos armes. Nous le parcourons et, arrivés un peu plus loin que Bajot, nous sommes stoppés par un champ de mines et nous appelons les pionniers à la rescousse. Rapidement, le terrain est déminé et nous pouvons poursuivre vers Bajna.

Des chars russes nous envoient plusieurs obus lorsque nous arrivons vers ce nouveau village. Sur notre gauche, le char de l'*Oscha.* Griego reçoit un tir direct. Je tire avec des munitions traçantes qui mettent le feu à un toit de chaume mais qui nous donne une meilleure vue et nous permet de bien voir les Russes. Avec deux obus, je détruis un premier char. Notre pointeur, le *Rottenführer* Grimminger est un as. En avant marche. Nous passons à côté du canon d'assaut russe et de son imposant canon de 122 mm. Un peu plus loin, un croisement est occupé par des T 34 et des JS I avec leurs gros canons de 122 mm. Ils se cachent derrière quelques maisons et sont prêts à nous recevoir, nous envoyant déjà quelques gros calibres. Le jour se levant, les combats de rue se poursuivent entre les Russes et nos fantassins. Un Tiger tente de briser le barrage et reçoit plusieurs coups qui le font reculer devant l'adversité, de même pour un char Panther. L'*Obersturmführer* Wenke vient vers nous et demande si l'un de nos panzers est équipé de radio en contact avec l'aviation. Nous cherchons une fréquence sur notre appareil radio et, enfin, nous contactons au bout de quelques minutes, une unité aérienne. Celle-ci nous demande, dès l'apparition de nos avions, de nous signaler avec des fusées oranges. Dix minutes plus tard, deux Ju 88 apparaissent et, de leurs armes et canons, ils libèrent le croisement, détruisant les lourds chars russes ! Nous pouvons poursuivre notre route enfin vers Czomor et Szambek. Après de lourdes pertes dans des combats sans fin contre des forces beaucoup plus importantes que les nôtres, nous sommes retirés, à nouveau, de ce front pour être transportés rapidement en train à Komaron pour être conduits jusqu'à Veszprem afin d'opérer une attaque sur Stuhlweissenburg. Ce sera notre dernier combat et notre char 501 sautera sur une mine qui le détériora fortement. Notre chauffeur, Franz Käsmacher, y trouvera la mort. Pour moi, ce sera bientôt la détresse de notre capitulation et les camps de prisonniers. »

Suivons encore **Walter Weber** en Hongrie : « **Début décembre**, nous sommes relevés et revenons un peu en arrière du front. Nos nouveaux quartiers sont installés dans un petit village, Swiercze près de Nasielk. Nous devons y rester quelques semaines, aussi nous installons de bucoliques quartiers. Cela nous permet doucement de préparer la toute proche Noël. Allons nous passer ces fêtes de Noël ici ou alors ? La plupart du temps, cela se passe toujours autrement que ce qui est prévu. Mais cette fois cela semble aller bien. Le **24 décembre** 1944 approche à grand pas. Nous avons décoré une grande salle dans une ancienne fabrique. Un journal du jour est écrit et des petites attentions préparées pour ce jour particulier. A 19 heures commence la fête de Noël. Tout se passe bien. Mais, à 21 h 00, alors que l'ambiance est bonne, l'alarme est décrétée car l'ennemi, n'ayant que faire de Noël, a commencé une attaque et nous devons nous remettre sur le pied de guerre. En très peu de temps, tout est nettoyé et nos paquetages préparés et amenés dans nos chars. Le fait de devoir arrêter nos ébats nous déplait au plus au point.

Enfin le **26 décembre** 1944, nous roulons vers la gare de Nasielak afin d'y être montés sur les wagons d'un train pour former un convoi. Nous devons être envoyés vers la Hongrie. Là, les Russes avaient fortement progressé et atteint Budapest où nos troupes sont encerclées. Nous devons y parvenir, attaquer et délivrer nos troupes. Tout en buvant quelques bouteilles de vin que nous avons récupéré de la nuit de Noël, nous parvenons le **29 décembre** 1944 à Acs, ville de Hongrie. Là, nous descendons de nos wagons et roulons vers notre ligne de front. Nous avions, tout de même, prévu de faire une petite fête pour la nouvelle année. Mais, pour cette dernière journée de 1944, nous avions reçu l'ordre de progresser vers notre point de départ d'une attaque programmée pour le premier jour de l'année 1945. Vers 22 heures, nous nous mettons en marche et, peu avant minuit, sommes arrivés à destination. Malgré le front tout proche, nous saluons la nouvelle année comme il se doit avec des fusées éclairantes. Ivan, lui, se tient tranquille. Le bruit de nos moteurs l'ayant quelque peu refroidi, je pense.

Le **1er janvier 1945** au soir, vers 20 h00, le *Panzer-Regiment* au complet attaque. Même si nous ne sommes plus aussi nombreux qu'au début de la création de notre régiment, nous sommes peu fiers de nous retrouver aussi nombreux pour une attaque. La *I. Abteilung,* équipée de ses chars « Panther », attaque assistée des Tiger de notre *Kompanie* lourde. Nous suivons ceux-ci et, quelque temps plus tard, nous devons prendre la tête. C'est une attaque comme nous en rêvions. Notre chemin se déroule le long du Danube et nous avançons facilement. De l'autre côté du Danube, une division d'infanterie avance, elle aussi. En même temps que nous. Quelques kilomètres plus loin, la *5. SS-Panzer-Division Wiking* attaque elle aussi et il est prévu de nous rencontrer devant Budapest. Une lune blanche éclaire le paysage légèrement blanchâtre, recouvert d'une légère couche de neige, sur laquelle nos blindés avancent allégrement. Nous sommes arrêtés sur un grand champ, attendant l'attaque prévue de nos chars Panther un peu plus en avant et qui doivent ouvrir le bal. Sans préparation d'artillerie l'attaque doit se faire rapidement pour bénéficier de l'effet de surprise. Ce n'est que lorsque nous serons dans les premières lignes russes que tout devra commencer. Les Panther étaient déjà au travail devant lorsque nous nous mettons en marche. Les Russes se défendent comme des beaux diables, nous causant déjà quelques pertes. Lentement, malgré tout, notre offensive avance. Les premiers villages tombent entre nos mains. Nous faisons une première halte alors que nos Panther continuent la progression. Lentement nous avançons. Aux premières lueurs de l'aube, le premier village est pris. Nous faisons une halte alors que nos Panther continuent de progresser et attaquent encore. Un peu abasourdis, nous voyons arriver de partout les premiers civils hongrois sortis des caves et qui nous demandent et redemandent, pour en être bien sûrs, si nous sommes bien Allemands. Après les avoir rassurés, nous reprenons, nous aussi, notre marche, pour rattraper les Panther. Le long de la route, des masses de civils montrent leur joie d'être libérés des Russes et nous couvrent de tout ce qu'ils avaient, nous apportant également de la nourriture. Au soir, nous avons progressé à tel point que nous devons prendre la tête de la *I. Abteilung* (Panther), ayant tiré tous ses obus. Lentement, nous dépassons les Panther, qui attendaient le long de la route. Encore quelques mètres et nous longeons des hauteurs qui nous protégeaient avant de donner accès à un terrain plus plat, juste dans le champ placé sous le feu des canons antichars russes. Plusieurs coups tombent à proximité. C'est encore relativement calme. De la route principale, nous nous écartons et roulons maintenant dans les champs attenants à toute vitesse, en suivant les dénivelés du terrain jusqu'à arriver dans des jardins et continuer plus loin. Nous sommes en tête. Seule une légère opposition est rencontrée, le gros des Russes ayant fait demi-tour. Avec l'obscurité tombée, nous avons atteint, avec le reste des blindés de notre *Abteilung*, le village de Bajot. A 1 h 00 dans la nuit, nous attaquons à nouveau, notre panzer en tête du groupe. Dans la clarté de la lune, la route s'étend devant nous. A droite et à gauche s'élèvent des contreforts. Très certainement, les Russes s'y étaient installés ainsi que leurs armes de malheur afin de nous faire une petite fête d'accueil. Malgré tout, il ne pleut pas. Un champ de mines posé par les Russes entrave quelque peu notre route et nous fait perdre du temps. Ce grand calme nous surprend et n'engendre rien de bon pour les heures et jours à venir. Un village apparaît dans la clarté lunaire, Bajna. Nous nous arrêtons et tirons avec nos canons et nos mitrailleuses sur les maisons de l'entrée du village. Ah, nos tirs en réveillent plus d'un ! Partout, des bottes de paille flambent de telle manière que le terrain est illuminé. Des canons ennemis nous saluent de leurs tirs. Cela éclate et tire de partout. Nous avons des pertes en blindés et en fantassins avec ce déluge de feu. Petit à petit, nous pouvons emprunter la route principale du village et y avancer. Nous pénétrons profondément en combattant maison après maison, mètre après mètre. Arrivés près de l'église, nous y apercevons des blindés russes qui prenaient la route en enfilade. Les obus éclatent devant nous, sur la route, sur les maisons, faisant un bruit d'enfer. Deux blindés bloquent tout un régiment de panzers dans ces petites rues. Au petit matin, le renfort de trois Tigres a été demandé afin de réduire ce nid de résistance. Protégés par leur épais blindage, ils sont arrivés. Un peu tonitruants, les commandants sont un peu sortis de leur tourelleau et nous invectivent, nous demandant où se trouve le danger. L'un derrière l'autre, ils sont ainsi dirigés vers l'église où se trouvent les deux blindés ennemis. A peine le premier Tigre a montré le bout de son nez vers l'église qu'un obus lui enlève le tourelleau ! Le deuxième reçoit un obus de gros calibre dans le train de roulement qui est endommagé lourdement, ce qui lui pose de gros problèmes pour reculer. Ainsi, ces deux T 85 n'étaient pas à dédaigner. Le troisième Tigre avance lui aussi et tire quelques obus mais sans gros succès tout en recevant aussi sa part d'obus. Il recule après cet insuccès. Le commandant du troisième char nous racontera après comment les deux blindés russes étaient très bien disposés, derrière l'église. Les rues adjacentes étaient sous leur feu et il était très difficile de les discerner entièrement et pouvoir les tirer sans se mettre en grand danger. Entre-temps, le soir est tombé sans que ces deux obstacles aient pu être contournés et détruits. Ils se trouvent toujours sur la vieille place, tirant avec des obus antichars et des obus explosifs qui explosent sur les maisons et sur la route, nous envoyant des éclats aux oreilles. Avec la nuit, nous nous installons dans un quartier plus calme et reprenons des forces. Les deux chars seront détruits en fait, de nuit, par des moyens individuels qu'utiliseront nos fantassins en s'approchant au plus près latéralement. Le matin suivant, vers 4 h, alors qu'il fait encore nuit noire, nous pouvons reprendre notre route. Les deux chars ne feront plus de dégâts et nous passerons à côté des deux épaves fumantes. A peine sortis du village, nous essuyons de nouveaux tirs venant d'une ferme non loin de la route. Nous enverrons des obus vers ce point de résistance et nous entendrons le bruit d'un moteur de char et, profitant de l'obscurité, celui-ci se retire. C'est incroyable et stressant de voir combien de chars et de canons antichars, les Russes envoient contre nous. C'est plus facile pour eux de nous retarder en utilisant chaque maison, chaque ferme pour y installer un nid de résistance contre nous qui ne pouvons n'utiliser que la route principale pour avancer. Ceci doit nous occasionner le plus de pertes possibles. Les chars sont installés comme des hérissons et, après avoir opposé une résistance la plus forte possible, se retirent pour aller former un nouvel obstacle un peu plus loin. Nous avançons à nouveau puis nous marquerons un arrêt pour attendre notre infanterie. Nous sommes sur la route à droite en deuxième position alors que le char de pointe se trouve en avant au milieu de la route observant le terrain devant nous. Son commandant venait de tirer une fusée éclairante blanche afin de mettre en lumière le terrain où nous nous trouvons ; un éclair survient et le bruit de l'impact ne laisse aucun doute, le char de pointe vient d'être atteint. Le chef de char en sort en se jetant par terre sur la seule jambe qui lui reste ! Le pointeur, le chauffeur et le radio sont eux aussi sortis et transportent leur commandant dans une tranchée proche. Le chargeur est mort à son poste. Du coup, nous faisons une marche arrière afin de ne pas servir de deuxième cible à ce tueur de char. Notre commandeur vient vers nous et observe le terrain. Le jour se levant, un canon d'assaut russe est deviné plus qu'aperçu et cela grâce à la fumée de son pot d'échappement du moteur diesel. Je lui envoie alors un premier obus antichar qui ricoche sur son blindage mais le suivant, qui lui est envoyé, est un obus à charge creuse, le détruit et il flambe aussitôt. Nous ne bougeons pas de cet endroit d'autant qu'une reconnaissance est faite et 8 à 10 chars de gros calibres de type J Stalin I sont décelés, n'attendant que cela pour nous tomber dessus par-derrière afin de nous régler notre sort. Mais nous sommes alors demandés à un autre endroit où cela chauffe et où l'engagement avec des blindés est plus conventionnel. Arrivé sur place, nous avons en face de nous, des chars également du type lourd J Stalin I. Cela promet d'être très chaud. Malheureusement, c'est le moment où notre moteur se tait ! Nous ne pouvons plus bouger et rien n'y fait, il refuse de redémarrer. Un Panther s'aventure sur le terrain et prend à partie le lourd char russe sans que cela n'ait d'incidence. L'épaisseur du blindage du Russe encaisse les coups sans sourciller. Les gros obus de 122 mm du JS I se rapprochent du Panther. Pauvre équipage ! Que deviendront-ils si l'un de ces gros obus le touche ? Mais, tout comme pour nous, la chance est de la partie pour l'équipage du Panther puisque le tir du Russe s'arrête. Puis la fierté de notre régiment se présente en la personne de deux chars Tigre. Le chef de la compagnie lourde est lui-même présent et commande le deuxième Tigre, se mettant tout de suite en position. En peu de temps, il observe le terrain et, déjà, les obus sortent du long tube de 88mm. Là-bas, des volutes de fumée apparaissent et plusieurs chars lourds russes flambent, touchés par les obus de nos Tigres. L'*Obersturmführer* Gerhard Wenke, qui commande, à ce moment-là, la compagnie lourde, a fait du bon travail. C'est le moment que choisissent nos chasseurs de chars aériens pour intervenir et nous les voyons tournoyer au-dessus des chars ennemis, les mettant en feu avec leurs canons de 37 mm. Une grande joie pour nous. Les nuages de fumées noires montrant les chars russes détruits se multiplient à notre grand soulagement. Nous avions observé cela depuis un moment, que ce soit le combat mené par nos Tigres comme ceux des Stukas lorsqu'enfin notre moteur se met à ronfler de nouveau. Nous ne savons toujours pas ce qui était arrivé. Le principal étant qu'il refonctionne. Au soir, nous revenons vers le village afin d'y refaire notre provision de munitions. Mais, le ravitaillement n'étant pas encore là, nous prenons un peu de repos dans nos chars. Le lendemain midi, nous pouvons repartir après avoir enfin reçu munitions et essence pour nos chars. Lors de la nuit, notre *Panzer-Regiment* poursuit le combat mais subit également de lourdes pertes. En avançant, nous dé- passons les carcasses noircies de nos blindés touchés lors de ces combats nocturnes. Ce champ de combat est un cimetière de blindés (russes mais aussi allemands).

Après nous être présentés au Kommandeur, nous nous retrouvons à nouveau en tête de notre peloton pour attaquer de nouveau. En empruntant un champ bien plat, nous mettons plein gaz et arrivons sur une hauteur. Chez les Russes, notre arrivée entraîne un déchaînement de tirs de tous calibres et venant de tous les azimuts. Puis les orgues de Staline se mettent de la partie et les explosions se rapprochent de nous. Nous étions quatre panzers au début de l'attaque et, déjà, l'un des nôtres est touché et dans l'incapacité de progresser, son train de roulement étant atteint. Devant nous, le village à prendre sort d'un nuage de fumée provenant de notre propre artillerie qui a fait le ménage. Nous pouvons pénétrer dans le village sans trop craindre de riposte. Nous envoyons quelques obus sur les hauteurs avoisinant notre nouvelle conquête et d'où partent encore quelques tirs. Notre infanterie, suivant notre poussée, a elle aussi nettoyé le terrain des quelques Russes encore vivants. Puis nous reprenons notre avance en tête de notre peloton et en troisième vague derrière les Panther. Après le village, la route monte légèrement, nous offrant ainsi une protection face aux Russes, nous permettant de progresser sans être vus. A peine un char est arrivé sur cette hauteur qu'un éclair et une fumée s'en échappent, ne laissant qu'une épave en feu. Nous nous reculons légèrement et nous obliquons vers la droite et la gauche de la route. Nous attendons l'arrivée de notre infanterie. Après une petite halte de celle-ci dans les fossés, l'attaque reprend. Deux Panther, roulant sur la droite, doivent faire taire ces empêcheurs de tourner en rond. Malheureusement, l'opération n'est pas couronnée de succès. L'obscurité descendant, nous nous mettons à l'abri dans le village plus en arrière. Pour notre part, nous sommes bien dissimulés derrière une ferme à l'abri de la vue des Russes. La nuit se passe bien, sans alarme. Le lendemain matin, la neige commence à tomber et, déjà, une couverture blanche recouvre le sol. D'autres renforts de fantassins arrivent et l'attaque peut reprendre au petit matin. L'infanterie a à peine le temps de sortir de ses trous ou de ses positions qu'un feu nourri de canons de Flak légers se fait entendre et oblige les fantassins à mettre le nez au sol de suite, sous peine de fortes pertes. Il y a tout de même des pertes. Nous voulons rejoindre nos blindés mais des tirs de mortiers et d'artillerie se font jour et nous malmènent. Nos positions sont maintenant connues des Russes et une averse d'obus nous oblige à rester sur nos positions. Le toit de la ferme, derrière laquelle nous étions camouflés, est bientôt complètement détruit. Malgré tous les tirs, aucun ne nous touche ! Ce n'est qu'au soir, avec l'obscurité descendante, que nous pouvons quitter notre emplacement et rentrer dans le village. Nous y rencontrons le reste de nos blindés avec lesquels nous devons de nouveau attaquer pendant la nuit.

Lentement, nous nous engageons sur le côté de la route dans les champs déjà recouverts de neige. Le village suivant, tenu par les Russes, est notre cible pour cette attaque nocturne. Devant nous et grâce aux fusées éclairantes, nous pouvons deviner un champ de maïs. De nombreux tirs d'armes légères se déclenchent à son approche. Plusieurs tirs de canons antichars se font aussi entendre. Notre infanterie tire elle aussi de nombreuses fusées éclairantes de façon à bien juger, pour plus de sécurité, le terrain sur lequel nous devons rouler et combattre. Peu avant le champ de maïs, nous nous arrêtons pour tirer sur le village maintenant proche. Au canon et à la mitrailleuse, nous l'arrosons copieusement. Une obscurité profonde règne maintenant sur le lieu du combat. Soudain, à notre gauche, l'un de nos chars tire et, aussitôt, un blindé russe s'enflamme. Nous aurions fait encore cinquante mètres et celui-ci nous aurait réduit au silence, mais notre camarade l'avait détecté et lui a réglé son sort. Le Russe était terriblement bien camouflé et attendait de nous laisser approcher pour nous tirer sans problème. Les tirs que les Russes nous envoient sont si violents et nombreux qu'avancer davantage serait une catastrophe pour nos chars. Aussi, nous obliquons vers la droite pour éviter le village en contournant cet obstacle. Nous faisons halte dans un verger pour envoyer une reconnaissance afin d'y voir un peu plus clair. Sur notre gauche, très près de nous, un canon antichar aboie sans arrêt. Nous entendons nettement les ordres du chef de pièce en russe et les claquements des coups de départ, et le tintement de l'étui vide éjecté.

Nous pouvions être rapidement détruits car nous nous trouvons en plein milieu d'une ligne de canons antichars russes. Aussi, lentement et discrètement nous nous replions quelque peu en obliquant vers la gauche cette fois, et une petite hauteur nous permet d'attendre le jour pour y voir plus clair. Lorsque l'aube se lève, nous pouvons observer tout notre environnement et, avec surprise, y observer quantité de chars russes et de canons antichars ! Mais lentement, les Russes aussi se réveillent et, rapidement, ouvrent le feu sur nous. Les bosquets ou arbres ne sont pas assez nombreux pour nous offrir un abri sûr. En bas, la route est totalement déserte. Le nettoyage mené par les Russes recommence à nouveau et, déjà, un char près de nous est de suite touché et s'enflamme rapidement, faisant exploser les obus à l'intérieur. Mais, qu'est-ce qui se passe, sur la route totalement déserte, huit chars russes, les uns derrière les autres, comme s'ils étaient en temps de paix, se mettent à rouler. Apparemment, ceux-ci ne nous avaient pas détectés ? Aussitôt, je décide de stopper le dernier puis celui du milieu, ce qui est fait très rapidement. Nos autres panzers, alertés par les bruits, se mettent de la partie et, en moins de temps qu'il ne le faut pour le dire, les huit chars russes ne sont plus que des épaves en feu et en flammes. Maintenant, l'instant passé, peut-être d'autres chars russes vont-ils intervenir pour venger leurs camarades ? Un seul blindé fait son apparition au bas d'une colline. Je lui règle son sort rapidement, il roule encore un peu, entouré de flammes et de fumée, et s'arrête définitivement. Si cela doit continuer comme cela, ce sera le paradis ! Notre commandant est demandé par le Kommandeur et le chargeur prend sa place à la tourelle, lorsque, venant de la droite, un obus nous touche sur le côté droit. A mon poste de radio, je perçois encore des paroles dans mes écouteurs mais une grosse fumée a envahi l'habitacle. Je ressens un gros choc sur ma main droite. Je réussis tout de même à m'extraire alors que mes trois autres camarades sont déjà dehors. Notre chauffeur porte encore sur la tête ses écouteurs qu'il enlève rapidement. Par chance, notre blindé ne flambe pas. Notre Kommandeur et notre commandant semblent avoir été légèrement blessés eux aussi. Nous nous rassemblons ainsi tous pour constater les pertes et blessures. Heureusement, le chargeur ayant quitté son emplacement, n'a pas été touché sinon il aurait perdu les jambes. Comme nous sommes tous vivants, le chauffeur, avec le calme revenu, remonte dans notre char pour le ramener à l'atelier de réparation. Le moteur, par chance, fonctionne très bien. L'obus russe a occasionné un dégât d'un mètre de long ! Dans le blindage. Les éclats à l'intérieur auraient pu être mortels si le chargeur avait comme dit ci-dessus, été à sa place. La chance du guerrier ! Pour ma part, un éclat avait touché ma main droite que je ne sens plus du tout, ne pouvant même plus la faire bouger.Nous devons reprendre la route sur laquelle les Russes tirent au canon. Nous sommes remplis de bons et de mauvais sentiments. Nous avons de la chance mais pour combien de temps encore ?

Nous sommes le **7 janvier 1945** près de Zambek à 15 kilomètres de Budapest. Sur la route vers l'atelier de réparation, nous devons à nouveau passer par la route du Danube sur laquelle les Russes peuvent tirer car ils avaient occupé l'autre rive après une contre-attaque. Nombre de camions et de véhicules sont déjà en flammes ou détruits sur cette route et nous rendent le passage plutôt pénible et difficile. Donc, sous les tirs russes, nous mettons plein gaz sur une route verglacée ! Malgré les obstacles, notre chauffeur ne doit pas réduire l'allure au risque d'être pris pour cible. Un éclair de l'autre côté mais l'obus arrive derrière nous. Sans autre incident, nous pouvons passer notre route et atteindre un endroit plus calme. Après trois jours d'arrêt à l'atelier, nous pouvons reprendre notre route vers le front. Avec ma blessure, j'aurais dû quitter le front mais, aucun transfert n'étant possible, je reste avec mes camarades, d'autant que le front s'est stabilisé et nous restons sur nos positions. Nous devons être ensuite relevés pour être envoyés vers un autre brûlot, à Stuhlweissenburg, près du lac Balaton. Déjà, le jour suivant, nous effectuons un repli avec le reste du *Panzer-Regiment*. De nouveau, il faut traverser la route du Danube, si dangereuse. Heureusement, un brouillard nous facilite cette traversée et aucun tir ne nous contrarie. A Komaromnos, chars sont montés sur des wagons afin d'être acheminés rapidement vers le lac Balaton et Stuhlweissenburg. Une *Abteilung* de Tigres royaux (Pz VI) doit avec nous anéantir une offensive russe destinée à couper notre avance sur Budapest où nos camarades encerclés attendent notre venue. Quel bonheur de voir ces colosses blindés faire fi des antichars russes et les détruire comme on écrase une puce. J'arrive pour ma part avec mes camarades à Veszprem où, avec de vieux comparses, nous nous trouvons des quartiers « champêtres ». Le calme règne ici et nous en profitons encore avant que tout cela ne soit oublié et que nous retournions à la guerre. Le vin hongrois coule à flot et la bonne chair ravit nos ventres affamés. Des nouveaux membres d'équipage, sortis des écoles, sont parvenus au front. Nous stationnons dans un petit village à 30 kilomètres d'un plus gros bourg. C'est pour nous le bout du monde, ce petit village inconnu du monde s'appelle Bakonyis-Zentkiralyi. Le temps de l'instruction d'infanterie est revenu. Etant incompatible avec ma blessure à la main, j'en suis, bien heureusement, épargné. Dans ce trou perdu, je reçois encore la médaille des blessés en argent, le *Panzerkampfabzeichen* en argent et l'*EK I.* Puis un jour, tous les membres d'équipage sont appelés. Les Russes ont, brusquement et avec violence, contre-attaqué, brisant notre résistance et détruisant le reste de nos blindés. Notre offensive pour délivrer nos camarades encerclés à Budapest vient d'être réduite à néant. A la suite de cela, ce n'est plus qu'une suite de reculs. En partie à pied, en partie dans des véhicules. Car nous n'avons plus à proprement parler de véhicules roulants, nous-mêmes. Nous parvenons lentement jusqu'en Autriche, à Ritzing près d'Oberpullendorf. Là enfin, les Russes sont à nouveau stoppés. A nouveau, entraînement en tant que fantassin. Nous devons être engagés dans des combats à Zöbing am Kamp puis Säusenstein sur le Danube. Nous attendons toujours de nouveaux panzers mais sans trop y croire. Le front entre l'Est et l'Ouest s'est considérablement réduit.

Le **3 mai 1945**, dix équipages sont appelés pour prendre en main de nouveaux chars tout neufs à l'usine de blindés de Saint Valentin. Au soir, nous y sommes conduits avec des camions et, le lendemain matin, les récupérons car les Américains approchent très vite et, avec les chars, tout ce que nous voulons et pouvons est rapidement emporté. Nos nouveaux Panzer IV sont des palaces luxueux !

Le **5 mai 1945**, le son du canon venant de l'Ouest approche et se fait de plus en plus entendre. Nous devons rouler vers l'Est. Arrivés sur ce front, nous attendons les nouveaux ordres. Nous ne savons pas ce qui se trame mais la guerre semble arriver à son terme.

Le **7 mai 1945**, nous stationnons dans un village où une agitation anormale est perceptible. Un ordre nous est lu dans lequel nous devons nous laisser dépasser par les Américains et ne pas opposer de résistance ! Mais aucun Américain n'apparait à l'horizon hormis quelques avions à étoile blanche au-dessus de nous.

Au soir du **8 mai**, on nous annonce la capitulation de l'Armée allemande. La guerre est finie pour nous mais nous ne nous sentons pas vaincus. Là où nous nous trouvons, le Russe est le maître, aussi nous décidons de mettre nos chars tout neufs hors d'état de rouler puis de gagner la zone américaine avec trois camions, puis à pied. Nous avons jusqu'à minuit pour atteindre la ligne de démarcation.

Pour moi, avec un camarade, nous avançons, pendant de nombreux jours, lentement et avec des petits déboires (notamment deux rencontres avec des ex-prisonniers polonais armés de fusils), mais sans jamais tomber dans les griffes américaines, ayant retrouvé pour ma part Mülhausen en Thuringe et mon camarade Cologne. Pour nous, la vie civile va se bâtir à partir de rien, seulement le courage et la force de notre jeunesse.

Un autre tankiste que j'ai très bien connu m'a laissé ses souvenirs de combats lorsque la *Panzer-Division « Totenkopf »* a été envoyée avec la *Wiking* et la *LAH* ainsi que la *12. HJ* vers Budapest afin de tenter de rompre l'encerclement des troupes dans la capitale hongroise parmi lesquelles les deux divisions de cavalerie de la Waffen-SS « *Florian Geyer* » et *Maria-Theresa*.

Il s'agit de l'*Unterscharführer* **Kurt Sörhmann** qui a combattu avec un char Panther au sein de la *I. Abteilung* du *SS-Pz.-Rgt 3 « Totenkopf »*. Il était radio dans le Panther I01 dont le commandant était le *Sturmbannführer* Erwin Meier- dress. Le chef des transmissions de la *I. Abt.* était l'*Oberscharführer* Kurt Arp que j'ai également bien connu et qui était lié d'amitié avec Kurt Söhrmann.

Photo du *Soldbuch* de Kurt Sörhmann.

Très intéressante photo de Kurt Söhrmann, ici avec le grade de *Sturmmann,* portant déjà le ruban de l'EK II, la médaille des blessés et le *Panzerkampfabzeichen,* à côté de l'insigne de sport de la HJ. Il porte aussi la bande de bras et, au-dessus, l'éclair des Transmissions *(Nachrichten).*

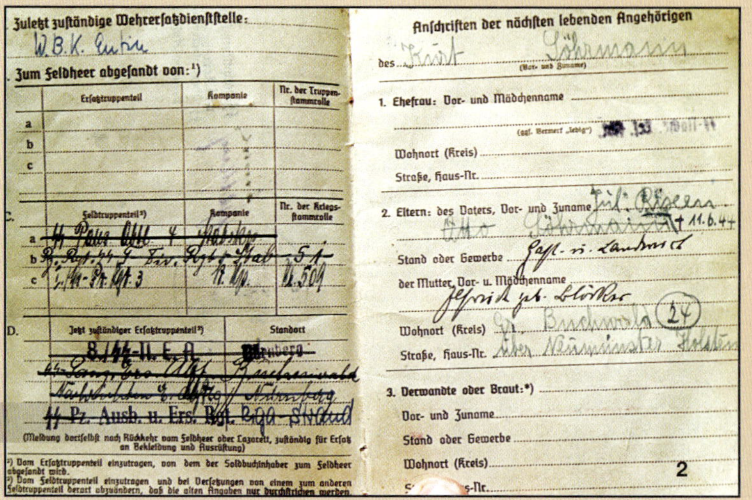

1. Premières pages du *Soldbuch* de Kurt Söhrmann.

2. Deux pages du *Soldbuch* de Kurt Söhrmann nous indiquant ses différentes affectations.

3. Deux autres pages nous montrant qu'il a reçu l'EK I et II, la médaille des blessés noire ainsi que les *Panzerkampfabzeichen* en Argent *I.* et *II. Stufe* témoignant de ses nombreux combats. Il faut préciser qu'il était au poste de radio du Panther d'Erwin Meierdress.

4. Deux autres pages de son *Soldbuch* nous indiquant qu'il fut incorporé à la Waffen-SS à la *LAH* le 10 avril 1942 avant de rejoindre la *Totenkopf*.

3

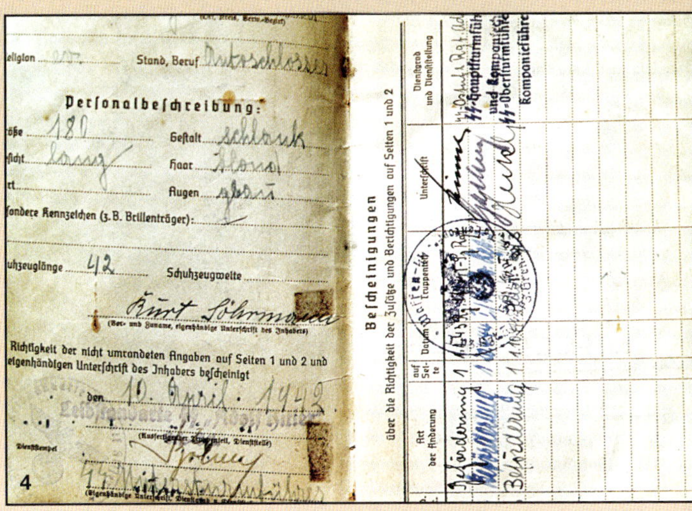

4

10

9

5. Photo précoce de Kurt Söhrmann dans sa tenue noire et portant l'insigne de sport des HJ.

6. Trois camarades à la porte d'un bâtiment avec, à gauche, le *Sturmmann* Kurt Söhrmann puis, *Unterscharführer* W. Schmidt et l'*Unterscharführer* Böll.

7. Kurt Söhrmann, dans sa combinaison camouflée, se tient à droite sur ce Panzer III de son unité. De gauche à droite, *Untersturmführer* Lux, *Unterscharführer* Gaida, Jules Sach (un Alsacien) et Kurt Söhrmann.

8. Membres de l'équipage du char Panther de Kurt Söhrmann dans leur tenue réversible d'hiver assis derrière leur char dont on aperçoit très bien le pot d'échappement. A gauche Dieter Baumann.

9. De gauche à droite, l'*Oberscharführer* Beetsch (de l'atelier de réparation), l'*Unterscharführer* Sepp Hirsch et Kurt Söhrmann, à l'embouchure du fleuve Bug (Pologne), en novembre 1944.

10. Cette bonne photo nous montre l'*Unterscharführer* Kurt Söhrmann à son poste de radio dans son Panther et nous permet d'admirer la « Zimmerit » sur le char et notamment sur le masque du canon.

11. Lors d'un combat, ce char russe T 34 a été détruit par un coup au but du Panther de Kurt Söhrmann.

11

1

2

3

4

7

6

5

1. Le Panther de Kurt Sörhmann avec, sur l'arrière des meubles emportés lors de leur passage en Pologne. Ici, à Okumin en 1944.

2. Sepp Hirsch, à gauche et Kurt Söhrmann.

3. A droite, Kurt Söhrmann.

4. L'*Unterscharführer* Kurt Söhrmann en train de travailler sur le moteur d'un des véhicules de l'unité.

5. Un Panzer IV de la *SS-Panzer-Regiment 3 «Totenkopf»* est en train d'être ravitaillé en munitions de 75 mm. Les combats requièrent beaucoup de munitions et les ravitaillements sont vitaux pour garder l'efficacité du régiment.

6. L'*Unterscharführer* Kurt Söhrmann, dans sa tenue molletonnée d'hiver camouflée, se tient devant son char Panther.

7. Kurt Söhrmann, à son poste de radio, fume tranquillement une cigarette entre deux combats. Photo prise alors qu'il n'est encore que *Rottenführer* en septembre 1944 en Pologne. Notez le filet de camouflage sur la tête ainsi que la Zimmerit appliquée sur le char.

8. L'*Unterscharführer* Kurt Söhrmann ne dédaigne pas fumer un cigare que son camarade Schorsch lui a offert.

8

2

1

1. Le long de leur convoi les menant vers la Hongrie et sous leur Panther, de gauche à droite, Kurt Söhrmann, Kurt Arp et Sepp Hirsch.

2. Les Panther de l'état-major du *SS-Panzer-Regiment 3 « Totenkopf »* sur les wagons les emmenant vers la Hongrie et Budapest.

3. Le chargeur *(Ladeschütze)* Sepp Tittel qui tombera le 2 janvier 1945 devant Budapest.

4. L'*Untescharführer* Kurt Arp à la tourelle de son Panther le 1er janvier 1945, à Komaron, en Hongrie.

4

5

3

7

5. Autre *Panzer-Kommandant*, l'*Unterscharführer* Walter Roderburg (originaire de Berlin) à la tourelle de son Panther, à Komaron en Hongrie, le 1er janvier 1945.

6. L'*Unterscharführer* Kurt Arp sous son Panther lors de l'arrivée en Hongrie.

7. Attaque le 2 janvier 1945 à 5 heures du matin. Ce sera mon dernier combat est écrit au dos de la photo originale par Kurt Söhrmann, *« à 6h45, nous serons touchés par un obus de Sturmgeschütz russe (SU 152). Le Kommandant et les deux hommes de la tourelle seront tués. Sepp Hirsch et moi pourront sortir mais avec de graves brûlures. De gauche à droite : les Unterscharführer Walter Rodersburg, Georg Käsehage et moi-même. »*

8. En mai 1945, malgré la fin toute proche, ces hommes pensent à entretenir leur corps et leur tenue avant des temps qui ne seront pas des meilleurs.

6

8

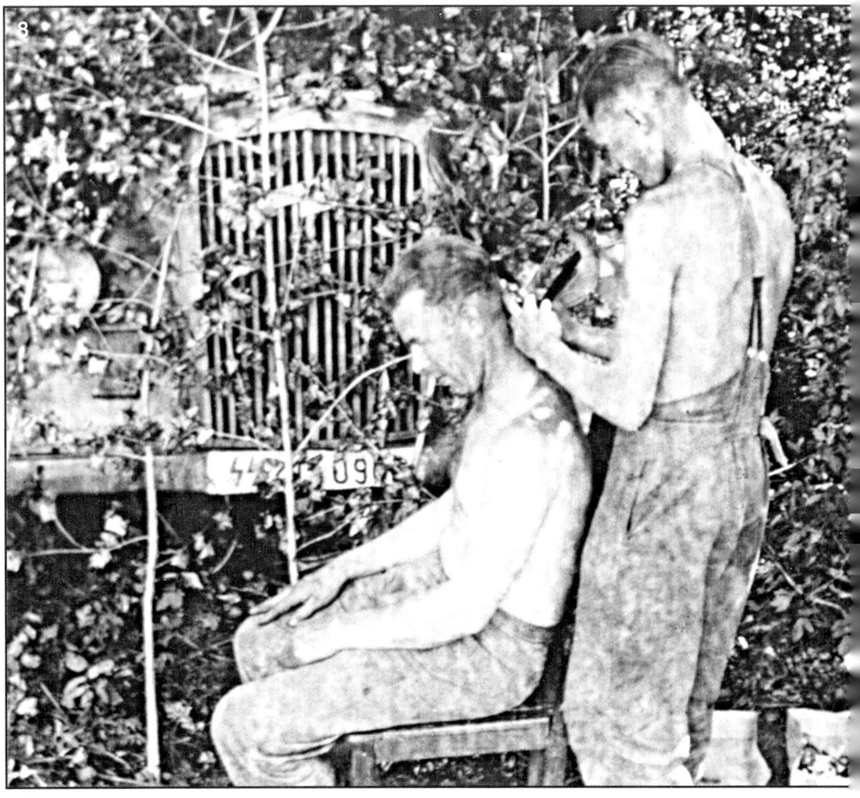

Témoignage de l'*Unterscharführer* **Kurt Söhrmann** qui a combattu avec un char Panther au sein de la *I.Abteilung* du *SS-Pz.-Rgt. 3 « Totenkopf »*. Il était radio dans le Panther 101 dont le commandant était le *Sturmbannführer* Erwin Meierdress.

« Je suis entré à la Waffen-SS en 1942 et, de cette date jusqu'en 1943, je serais radio dans le char de mon Kommandeur. En octobre 1943, avec le reste de la *I. Abteilung* de notre Régiment de panzers, nous avons été reformés à Grafenwöhr en Allemagne, reçu des troupes fraîches et du nouveau matériel. J'y ai instruit à la fonction de radio-tankiste nombre de jeunes recrues. Ensuite nous avons été envoyés au front à l'Est de Varsovie. Là, j'officiais en tant que radio chef à bord du panzer de mon Kommandeur Erwin Meierdress.

Alors que nous nous trouvions au nord-ouest de Varsovie depuis un bon moment, nous avons reçu l'ordre de rejoindre la gare afin d'y être transportés en urgence vers la Hongrie et Budapest afin de briser l'encerclement de la capitale hongroise. En passant par Bromberg, Posen, Breslau, Vienne, nous avons atteint le 28 décembre 1944 la ville de Komarom où nous avons été déchargés. Nous étions entre Raab et Komorn. La majorité du *SS- Panzer-Regiment 3* se retrouva dans une caserne hongroise. Nous avions à notre disposition 16 Pz IV, 29 Pz V (Panther) et 11 Pz VI (Tiger).

Nous allions fêter cette fin d'année 1944 en Hongrie. L'alcool coulait à flot et le leitmotiv : « profitez de la guerre, la paix sera terrible » parcourait l'assemblée. Tout le personnel avec tous les gradés était présent. Un tir de balles éclairantes illumina le ciel lorsqu'il fut minuit. Malgré tout, les tirs étaient dirigé vers l'Est.

A **2 h 15** débute l'offensive vers Budapest mais le *SS-Pz.-Rgt. 3 « T »* n'est pas encore de la partie.

Il fait moins trois degrés. Nous commençons la journée du **2 janvier 1945** par repeindre nos chars avec un mélange de craie blanche que nous appliquons au pinceau. L'air frais du matin nous fait du bien et nous réveille. Nous commencerons notre offensive ce 2 janvier. Elle n'est commencée qu'avec 50 % des forces car, sur 77 convois ferrés, seuls 51 sont arrivés sur place, 26 doivent encore arriver ,

Photo originale et officielle du *Hauptsturmführer* Erwin Meierdress avec le *Ritterkreuz* et les feuilles de chênes.

L'*Obersturmführer* Erwin Meierdress à bord de son Panzer III de commandement et qui porte les *Schürzen* de la tourelle.

Erwin Meierdress ayant reçu les feuilles de chênes à son *Ritterkreuz* des mains d'Adolf Hitler.

en ce qui concerne la *3. SS-Pz.- Div.* Pour la *5. SS-Pz.-Div. Wiking,* seuls 28 convois étaient parvenus à destination sur 87 soit 32 % de l'effectif ! Et pour les autres divisions c'est le même état.

Nous longeons tout d'abord les rives du Danube. Les premiers combats ont lieu à Duna-Szt-Miklos où les Russes se sont bien installés.

La mort d'Erwin Meierdress

Notre char de commandement, avec notre chef Erwin Meierdress, est en attente des ordres. Je suis, en tant que radio en contact avec le PC de notre Régiment et avec celui des Grenadiers. Notre chauffeur, Sepp Hirsch, laisse le moteur tourner pour chauffer l'habitacle. Notre chargeur et deuxième radio, le *Sturmmann* Sepp Tittel, se met en contact avec le chef de la compagnie et les chefs de peloton. Notre pointeur, l'*Obersturmführer* Alfred Quilitz, ne fait rien pour le moment. En dernier, notre commandant, monte à bord. Puis, après nous avoir demandé si tout été OK, il donne l'ordre au chauffeur d'avancer, enfin. Les quelques Tiger de la division sont, eux, en tête.

Vers **5 h 00**, l'attaque se déroule jusqu'à la sortie de Dunaalmas avec de violents combats car les Russes ont formé un barrage avec 18 T 34 et des canons antichars. Les canons de 88 mm des Tiger allument tout ce qu'ils peuvent tout en recevant des coups. Le Tiger de tête est stoppé, mais les autres continuent sous la conduite de l'*Obersturmführer* Scheinhofer. Les gerbes de balles incendiaires s'envolent vers les canons antichars qui éliminent les servants. L'un après l'autre, les Tiger sont arrêtés et maintenant nous prenons la tête de l'assaut

L'*Hauptsturmführer* Erwin Meierdress dans sa tenue noire avec deux officiers de son Régiment et le *Ritterkreuz* au cou. Il commande alors la *I. Abteilung* du *SS-Panzer-Regiment 3 « Totenkopf »*.

220

Page précédente : photo du *Sturmbannführer* Erwin Meierdress devant un T 34 détruit.

Ci-contre : tenue légère pour le *Hauptsturmführer* Erwin Meierdress sous la volée du canon de 75 mm d'un char Panther.

Ci-dessous : très bonne photo prise au même endroit que la précédente mais nous permettant de mieux examiner sa tenue.

avec notre commandant le *Sturmbannführer* Erwin Meierdress. Derrière nous suit le Panther de l'*Obersturmführer* Strobl, *Adjutant* de la *Kompanie*. Il fait encore nuit et nous n'avons pas encore envoyé un seul obus pour le moment. Soudain, le Kommandeur ordonne au chauffeur de stopper et sort précipitamment. Nous nous demandons ce qui se passe. En fait, l'*Obersturmführer* Quilitz nous explique qu'Erwin Meierdress veut discuter de la situation avec les Kommandeurs des Grenadiers, les *Hauptsturmführer* Endress et Frommhagen. Puis il remonte dans notre char. Nous regardons notre montre, il est **6h45**. Le *Sturmbannführer* ordonne au chauffeur de reprendre la route. Et rapidement un formidable bruit, une grosse lueur rouge et une forte chaleur. Dehors, la tourelle est orientée à 1 h. Ma trappe est bloquée avec le canon, je la démonte pour la faire sauter et pouvoir sortir. Je me retrouve dans un fossé avec le chauffeur Sepp Hirsch. Le panzer continue d'avancer lentement. Sepp grimpe dessus en s'accrochant au canon pour couper le contact. Dans la tourelle tous sont morts. Sepp et moi sommes blessés et, pour ma part, d'importantes brûlures qui me vaudront un long séjour à l'hôpital. Voici ce qui s'est passé : le Panther de Meierdress était arrêté derrière une maison mais, non loin, un canon d'assaut russe l'avait observé et n'attendait plus que son redémarrage pour le tirer. Il avait eu tout le temps de bien concentrer son tir et il toucha le Panther du Kommandeur juste sur le côté droit en dessous d'un élément de chenilles accroché là. La nouvelle de la mort du Kommandeur se répandit comme une traînée de poudre car il était très apprécié de ses hommes. Le canon d'assaut russe fut détruit quelques secondes après par le Panther 103 dont le pointeur n'était autre que l'*Unterscharführer* Kurt Arp. Il faudra du temps aux hommes de la Division « *Totenkopf* » pour venir à bout des Russes fortement positionnés dans Dunaalmas et près de la voie ferrée. Un par un, les chars russes furent détruits, notamment sept avec des Panzerfaust par les Grenadiers du régiment « *Eicke* ».

Dans le courant de la journée et après que la situation se soit éclaircie, l'*Unterscharführer* Sepp Hirsch peut ramener le Panther avec les corps des trois membres de l'équipage morts à leur poste en tourelle. Nous sortons avec précaution les corps de notre Kommandeur et des deux autres camarades à qui nous faisons nos adieux, les yeux plein de larmes. Nous avions encore fêté la nouvelle année ensemble.

Le corps du Kommandeur sera ensuite conduit à Vienne où il reposera à côté du fameux pilote Walter Nowotny.

Le *SS-Panzer-Regiment 3* « *Totenkopf* » continuera à combattre contre un ennemi en surnombre et que les terribles pertes infligées ne semblaient pas arrêter. Malgré leurs efforts l'Armée allemande ne pourra caser l'encerclement des troupes dans Budapest et, par des combats d'arrière-garde, ne cessera de se replier vers l'Autriche où elle capitulera suite aux ordres reçus. »

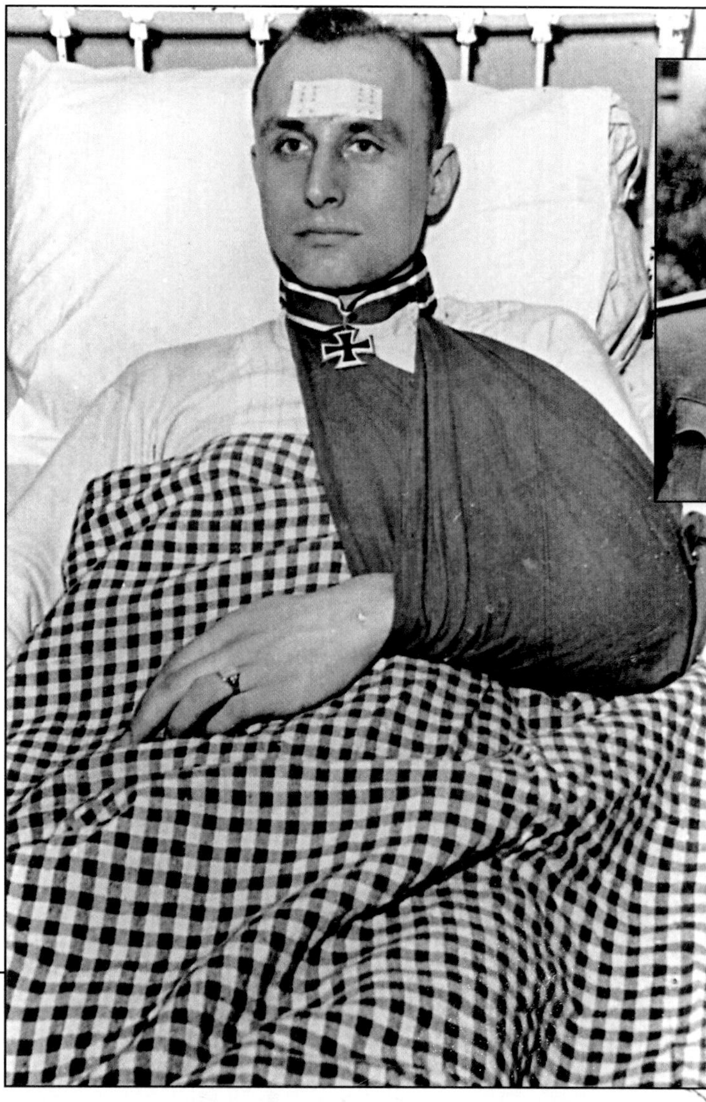

Ci-contre : sur son lit d'hôpital, blessé et portant le *Ritterkreuz* au cou que l'on vient de lui décerner.

Ci-dessus : Erwin Meierdress après sa blessure, en convalescence chez ses parents, ici avec son père, et portant le *Ritterkreuz*. Notez les pattes de col toutes deux avec la tête de mort.

Ci-dessous : Erwin Meierdress portant son *RK* au cou et revenu au front avec d'autres officiers de son régiment.

Ci-contre : très bonne photo du *Sturmbannführer* Erwin Meierdress avec toutes ses décorations et les feuilles de chênes à son *Ritterkreuz.*

A gauche : encore une très bonne photo d'Erwin Meierdress avec encore le bras en écharpe, le *Ritterkreuz* au cou et déjà prêt à en découdre avec les Russes.

Ci-dessous : une très belle photo d'un jeune *Rottenführer* du *SS-Pz.- Rgt. 3 « T ».* Il porte les têtes de mort sur chaque *Kragenspiegel* (patte de col), mais ne porte pas encore de décoration militaire.

Ci-contre : deux autres pages du *Soldbuch* de Fritz Fuchs.

Ci-dessous, à droite : les *Uscha* Kurt Arp et G. Kasehäge avec leur mascotte (un petit chien), derrière debout, à gauche, Kurt Söhrmann et Sepp Titel.

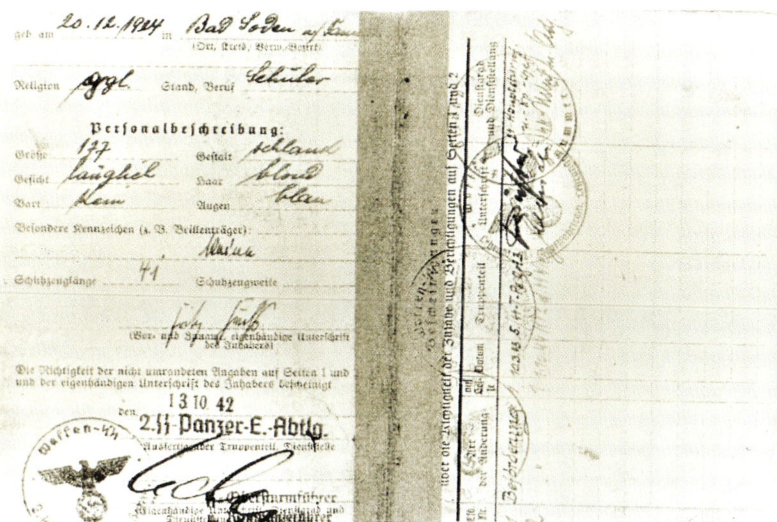

geb. am 20.12.1924 in Bad Soden a/...
(Ort, Kreis, Verw.-Bezirk)

Religion ggl. Stand, Beruf Schüler

Personalbeschreibung:

Größe 177 Gestalt schlank
Gesicht länglich Haar blond
Bart kein Augen blau

Besondere Kennzeichen (z. B. Brillenträger): keine

Schuhzeuglänge 41 Schuhzeugweite

Fritz Fuchs
(Vor- und Zuname, eigenhändige Unterschrift des Inhabers)

Die Richtigkeit der nicht umrandeten Angaben auf Seiten 1 und und der eigenhändigen Unterschrift des Inhabers bescheinigt

den 13 10 42
2. SS Panzer-E.-Abtlg.
(Ausfertigender Truppenteil, Dienststelle)

Obersturmführer
(Eigenhändige Unterschrift, Dienstgrad und Dienststellung)

Kurt a noté derrière la photo : En route pour le front . La route est poussièreuse. Nous longeons un bois.

Deux photos montrant l'une en haut un très beau Tigre de l'*Abteilung* lourd et en dessous un char Panther couvert de branchages.

L'*Hauptscharführer* Beetsch (de l'*I Staffel*), le chauffeur Sepp Hirsch et l'*Oberscharführer* Ernst Walter Kirsch. La photo a été prise en Novembre 1944 à l'embouchure du Bug en Pologne.

Au dos de la photo Kurt avait écrit : « *Tomates et melon pour le petit déjeuner* ». A droite Jules Sach (un alsacien).

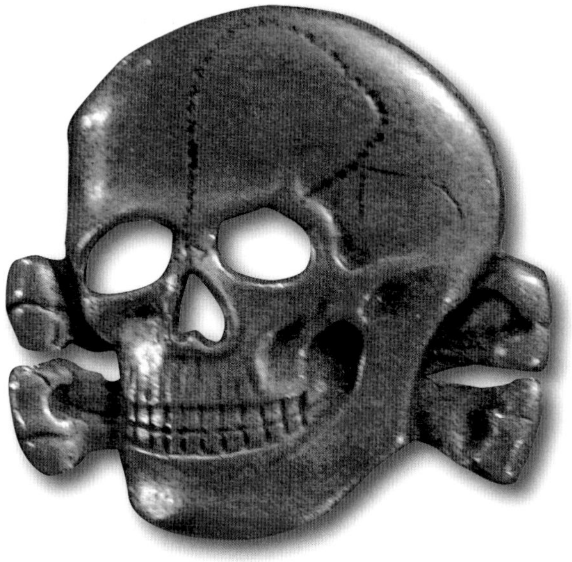

Je tiens à remercier mon épouse pour sa grande patience ainsi que messieurs
Gregory Gochgarian,
Roberto Christiani
et Andrii Zubkov
pour leur aide et leurs encouragements.

Pierre Tiquet

Achevé d'imprimer en février 2018
sur les presses de l'Imprimerie de Champagne (Langres),
pour le compte des Editions Heimdal,
Georges Bernage, éditeur.